U0898838

[荷] 伊娃·梅耶尔 (Eva Meijer) / 著
[英] 劳拉·沃特金森 (Laura Watkinson) / 英译
白丽梅 / 译

ANIMAL LANGUAGES

THE SECRET CONVERSATIONS OF THE LIVING WORLD

动物的语言

一场人类与非人类的哲学对话

新世界出版社
NEW WORLD PRESS

北京版权保护中心引进书版权合同登记号：图字 01-2021-6846 号

图书在版编目（CIP）数据

动物的语言：一场人类与非人类的哲学对话 /（荷）伊娃·梅耶尔著；（英）劳拉·沃特金森英译；白丽梅译. -- 北京：新世界出版社，2022.2
书名原文：ANIMAL LANGUAGES
ISBN 978-7-5104-7352-4

Ⅰ. ①动… Ⅱ. ①伊… ②劳… ③白… Ⅲ. ①哲学－通俗读物 Ⅳ. ① B-49

中国版本图书馆 CIP 数据核字 (2021) 第 212279 号

动物的语言：一场人类与非人类的哲学对话

作　　者：（荷）伊娃·梅耶尔
英　　译：（英）劳拉·沃特金森
翻　　译：白丽梅
责任编辑：秦彦杰
责任校对：宣　慧
责任印制：王宝根　苏爱玲
装帧设计：魏芳芳
出　　版：新世界出版社
网　　址：http://www.nwp.com.cn
社　　址：北京西城区百万庄大街 24 号（100037）
发 行 部：(010)6899 5968（电话）　(010)6899 0635（电话）
总 编 室：(010)6899 5424（电话）　(010)6832 6679（传真）
版 权 部：+8610 6899 6306（电话）　nwpcd@sina.com（电邮）
印　　刷：北京亚通印刷有限责任公司
经　　销：新华书店
开　　本：880mm × 1230mm　1/32
字　　数：120 千字　　　　印张：7.5
版　　次：2022 年 2 月第 1 版　2022 年 2 月第 1 次印刷
书　　号：ISBN 978-7-5104-7352-4
定　　价：52.00 元

序 言

如果运气好的话，你可能会遇到愿意和你交流的动物；如果运气再好一点，还可能遇到愿意花时间和精力了解你的动物。根据我的经验，绝大多数动物都愿意和人聊天，与人交流时，他们总是毫无保留。

人可以和某些动物建立亲密关系，因为这种关系不仅可以让人们更加了解动物，还能了解动物语言和人类自己。动物对生命有自己的看法，当我们通过他们的视角看待身边的事物时，整个世界就会变得全然不同。很多人通过旅行、了解不同文化来开阔视野、增长见识，然而蚂蚁、鸽子、猫咪、野兔和奶牛身上，也隐藏着大量的动物文化等待我们去挖掘。

这本书的灵感源自我的童年。那时候，人、猫、马和豚鼠对我而言都同等重要。其中最特别的是一匹叫作乔伊（Joy）的小马，他陪伴我度过了11—16岁的少年时光。那段经历让我明白，人和动物在一定程度上可以进行语言交流。在我刚刚成年时，一只名叫皮卡（Pika）的狗让我了解了犬科动物的语言，也让我明白了人生的重要意义。没有皮卡，这本书就不会问世。写这篇序言时，我正和一只叫奥利（Olli）的猫和一条叫卜迪（Putih）的狗一起生活，他们帮助我思考、陪我玩耍。

学习哲学的时候我发现，传统西方哲学几乎从不提及动物，这让我感到非常惊讶。长久以来，思考被视为一种人类独有的行为，但是这种观点正在发生变化，尤其是在伦理学和政治哲学方面，人们开始将动物纳入思考范围。尽管如此，动物语言依旧是一片尚未开拓的领域，因为语言哲学几乎从未关注过动物，这是一个不幸的事实。语言让人们了解动物，而动物又让人们洞察语言，研究动物的语言有助于人们从不同的视角看待动物、审视人类。

目 录

引 言

亚历克斯（Alex）是一只灰鹦鹉，他认识 100 多个词汇，会用这些词汇数数、分类、开玩笑，甚至通过词汇影响周围人的行为[1]；追逐者（Chaser）是一只牧羊犬，能说出 1000 多种玩具的名称，还懂语法；野生海豚会用名字呼唤同伴；草原犬鼠在描述入侵者时，语言十分丰富，他们可以描述出人类的体型、衣服的颜色、头发的颜色以及随身携带的物品；人工饲养的大象会用类似人类语言的方式交流，野生大象中有一个词语用来指代“人类”，这个词意味着危险；鲸、章鱼、蜜蜂和很多鸟类的语言都有一套自己的语法体系；螳螂虾用颜色进行交流，拥有多达 12 种颜色通道，而人类却只有 3 种[2]；和他们的表亲狼不同，狗可以读懂人类的手势和面部表情[3]；狨猴在交谈中会轮流说话，他们也将这一技能教给他们的后代[4]。

自古希腊时期，人类便开始关注动物的语言及其交流方式，但动物行为学作为研究动物行为和交流的一门学科，直到20世纪50年代才正式确立。近年来，人们越来越关注动物的语言。最新研究表明，动物之间的交流方式比我们想象的更为复杂。尽管如此，关于这一发现对动物、对动物语言的理解究竟有什么意义却鲜有著述。动物之间的交流是否可以称之为语言？人类是否可以和动物交流？如果可以，如何交流？只有人类语言与众不同，还是所有语言都是独一无二的？到底什么才是语言？

我写此书的目的不是为了概述所有的动物语言，因为我们对动物语言的类型依旧知之甚少，还有大量的动物物种有其独有的语言。在本书中，我探讨了动物语言方面的实证研究和与之相关的哲学课题，目的是向人们展示身边丰富的动物语言，并探讨、了解动物的语言将如何改变我们对动物的看法这一课题。

长期以来，人类总是以自己的智力标准来衡量动物的智力。已有实验在研究，与人类相比动物解决谜题的能力如何。事实上，动物在此类测试中绝无可能胜人类一筹，因为他们的感官发育与人类不同——他们需要其他技能才能生存。反之亦然：对蚂蚁来说，人类不怎么聪明，因为他们不擅长互相协作；对鸽子来说，人类的空间意识太差；对狗来说，人类不能靠气味辨别方向。在第一章中，我介绍了很多实验，这些实验试图教动物讲人类语言，从而揭示语言的运作方式。

智力在生物学中被视为应对物种特有挑战的能力[5]。动物交流是根据其特定的生活环境和生理、认知能力而进行的。例如，鲸总是依靠听觉在水下快速游动，因为嗅觉和视觉在大海中作用不大；通过发出低频声波，大象可以在数千米内和同伴保持联系；蝙蝠在辨别方向和寻找食物时，则使用高频声波判断周围环境。这些生物还拥有一套相当复杂的交流系统，在某些方面与人类语言类似。在第二章中，我实际接触了一些动物语言，并对其进行了更为深入的探索。

动物不能用人类语言表达思想，因此有人认为我们无从知晓动物的想法。人类通过语言彼此沟通，语言也使人类得以洞悉他人的内心世界。动物不会说话，因此他们始终是谜一般的存在。然而我们有时也很迷惑：我们是否真的可以理解他人的想法和感受？语言具有误导性，有人先向你示爱，随后却又否认；语言也会产生误解：有人可能说爱你，你误以为这是爱情，但其实只是友情。语言会产生歧义，我们永远无法获得确凿的证据来证明别人真实的想法，就像哲学家所说，我们永远无法证明人是否真的在思考。此外，也许有人会质疑，为何身为某一特定物种就可以决定对他人的看法？人喜欢分类，但是尽管动物和人类表达思想和感知世界的方式并不相同，但依然与人类有许多共通点。因此，身为何种物种并不影响我们对事物的理解，社会因素同样起着重要的作用。比如说，如果你和宠物一起生活，那么了解宠物比了解一个来自不同文化背景的人要容易得多。在第三章中，我讨论了人类和狗、猫、豚鼠、鹦鹉等家养动物，以及羊、猪、奶牛等饲养动物之间的交流。第四章探讨了身体在思维中的作用，并将现象学方法用于动物研究。

第五章深入探讨了动物语言的结构。一直以来，人们认为只有人类语言才有语法，而动物语言仅仅是其情感的直接表达。然而近年的研究表明，事实并非如此。有的动物语言具有复杂的抽象化或符号化的结构，也可以用某种方式表达现在或未来以及非此时此地发生的事情。

动物之间的交流方式之一是游戏。在游戏中，动物可以谈论与之相关的话题，这就是元信息交流，即有关交流的交流。第六章探讨了游戏、语言、元信息交流和规则之间的关系以及动物道德问题。

思考动物语言问题看似有点牵强，似乎人类和动物之间的交流方式存在巨大差异，似乎动物语言永远无法企及人类语言的高度[6]。第七章结论部分，我探讨了语言在政治领域中的作用。思考动物语言及其使用等问题，可以帮助我们建立新的社群和联系，从而批判性地看待动物在人类社会中的地位。

用语言书写语言，或用语言思考语言时，语言总是会影响书写或思考，这让语言研究变得更为复杂。维特根斯坦将上述问题与用手指修复蜘蛛网这一行为进行了比较[7]，因为语言的形式与其内涵并不相同，因此可能会带来误解。以“动物”一词为例，这个词就像是一条分界线，人类在一端，动物在另一端。但法国哲学家德里达对此提出质疑，他认为相较于大猩猩和蜘蛛，人类和大猩猩之间的共同点更多[8]。在古埃及，尽管不同的动物有其专属的名字，但却没有用来指称除人类以外所有动物的集合名词[9]。如此一来，我们拥有一个囊括所有动物的统称，也更加强烈地感受到人类和其他动物之间的界限。这一看法强化了人类中心说，即人类是现存物种的中心[10]，这一观点可能引起人类对动物的压迫甚至暴力行为。

语言是有力量的，我们所使用的语言反映且影响着存在于人类文化中的信仰。语言既能反映现实，又能塑造现实。为了表明人类和动物之间存在连续性，许多动物哲学家经常使用人类和“其他动物”，或人类和非人类动物这样的表达[11]。在本书中，这两种表达我都使用了。如果用“动物”一词指代其他动物，是因为这个词简洁精练，大家都了解它所指代的对象。我不是说人类并非动物，或者人类是一种特殊物种，每一类物种都有其独特之处。

语言虽然会引起误解，但也可以在两个不同的世界间架起一座桥梁。对动物的了解越多，人和动物之间的交流就会越顺畅。有人希望善待动物。人们通过语言了解自我、认识世界，因此思考与语言相关的问题是人类与动物进行沟通的有效工具。通过理解、观察和倾听，人们可以更加深入地了解动物的世界。如果用动物能够理解的方式来表达思想，便能构建一个人与动物共享的世界，但这并不是说所有人类和动物都能完全和谐共存，正如有时人与人之间也无法融洽相处一样。既然人类与动物共存不可避免，那就可以通过上述方式解决由共存引发的种种实际问题，同时还可以在人类主导的世界中寻求新的关联。

针对描述动物语言的文字太过拟人化这一点，常常有人对我提出批评：总是把人类的特性折射到动物身上。这种通过人类视角看待动物的方式被视为不科学、不可取。拟人化的手法的确存在，但这并不意味着我们永远不能谈论动物的思想和情感，也不意味着我们在研究某些特定特征时下意识地将其拟人化。只要秉持批判和开放的态度，现有的理念其实可以帮助我们研究其他动物。此外，一定程度的拟人化不可避免。作为人类，我们自然从人类视角看待事物，但人类无法抵达客观现实，无法抵达一个可以洞察万物的空间点。否认动物身上的人类特性这一行为（也被称为“去人性化”）让人无法看清现实[12]。一直以来人们都有一个疑问：动物和婴儿是否能够感受到痛苦？目前很少有科学家否认这一点，但是这种怀疑却让许多动物遭受痛苦。

语言在很大程度上影响我们看待他人的方式。许多西方哲学家认为，人类语言独一无二，甚至有人认为语言是人之所以为人的根本要素。亚里士多德认为，掌握语言是区分善恶的必要条件，并且决定了政治群体的构成[13]。笛卡儿认为，从动物不会说话这一事实可以推断出他们也不会思考[14]。启蒙运动时期的哲学家康德断言，动物缺乏逻辑或理性，因此无法纳入道德范畴[15]。现象学家海德格尔认为，语言对我们在世界中的地位尤其重要，没有语言的物种连死亡都谈不上，他们不过是消失而已[16]。这几位哲学家都将语言定义为人类的语言，自然而然地将其他动物排除在外。在他们看来，语言是理性的表达，和思维紧密相连。

以上话题依然是现代人类社会和政治生活中的重要议题。由于动物不会讲人类语言，因此人们认为动物没有政治行为能力，这就影响了他们在政治和法律体系中的地位。如果人不了解动物，就会认为他们之间的交流毫无意义；如果动物不理解人类，人就会觉得他们愚蠢无比。动物没有任何权利或是无人倾听似乎才合乎逻辑，因为在人类社会，人的需求是第一位的，人类在很大程度上决定了动物的生存状况。驯养的动物和人类共同生活，通常没有什么选择或发展空间，而野生动物则因为人类占据或污染其领地而面临人类带来的种种影响。

人类如何看待动物与人类如何对待动物密切相关。笛卡儿认为，动物没有灵魂。动物之所以没有灵魂是因为他们缺乏智力，而他们之所以缺乏智力又源于他们无法开口说话[17]。他曾写道，双耳失聪的人虽然无法通过声音交流，却仍然能够以某种方式用人类语言来表达思想。在笛卡儿看来，动物是真正的哑巴，因为从语言的音和形两个层面他们都无法表达思想。以喜鹊为例，动物之所以能重复词汇，源于人类的不断激励，这种激励促使他们为了得到奖励而做出相应的举动。笛卡儿认为，动物的身体是像时钟一样的纯机械性运动，动物没有灵魂，只有躯体，因此和机器并无二致。因此，他将动物称为野兽机器。此外，因为动物只有躯体，所以感受不到痛苦。如果有人拿刀刺向他们，他们可能会嘶吼，但却不是因为痛苦，而是一种机械的、本能的反应。笛卡儿对动物身体如何运转很感兴趣，他是动物活体解剖的倡导者，这使他成为动物实验的先驱。动物实验至今仍在进行。

确定动物是否拥有语言看起来是一个实证研究课题，然而我们必须对这些研究中得到的信息进行阐释。研究问题决定了动物能够提供的答案，而社会偏见又影响了对这些问题的回答。

哲学是研究事物如何运转的工具。一方面，这是一个批判性课题，已有的判断和观念并不会因为许多人深信不疑而确定无疑；另一方面，这又是一个实验性课题，思维可以将经验置于新的角度，从而改变我们对世界的看法。维特根斯坦认为，哲学的任务就是使人们对现实有不同的看法。因此，对语言和动物的思考可以帮助人们从不同的视角看待动物和语言。

在本书中，我会从不同的角度进行论述，如生物学和动物行为学方面的实证研究，聚焦于动物的新兴学科，如动物研究、动物地理学以及哲学的不同分支等视角。我的出发点是动物拥有语言，这和人们长期以来的看法背道而驰，但却是我的理论观点的基础。我将讨论当前那些对人和动物的思考持批评态度的立场，重新诠释西方传统哲学中关于动物的观点，探讨基于“与动物交流完全有可能”“动物语言值得研究”之类理念的文献。虽然动物的表达方式与人类不同，但这并不意味着他们的话语没有意义。从原则上讲，如果仅仅因为他们属于另一物种就对其敷衍了事，这是一种歧视行为，是一种物种歧视行为。例如，海豚是群居动物，彼此之间交流频繁。他们的语言很难理解，我们正在使用新技术对其高频语言进行记录和解释。谁知道我们到底能不能听懂他们在说什么呢？然而先入为主地认为动物交流不如人类交流有意义，或不如人类交流复杂，这种想法不但缺乏科学精神，更有些狂妄自大。

研究语言要求我们审视普遍存在的偏见，并在必要时加以调整。提出的研究问题决定了动物能够给出的答案。如果认为动物没有语言，不能进行有意义的交流，那么我们所做的研究极有可能证明这一点。如果认为动物之间可以交流，甚至可以用复杂的方式进行交流，就会提出不同的研究问题。研究动物语言不仅对研究动物之间如何交流至关重要，而且对研究动物如何与人类交流同样意义重大。从哲学中形成的概念和思想可以帮助我们阐明现有的交流方式，还可以启发人们进行更为深入的自我思考。

第一章

用人类语言交流

第一章　用人类语言交流

众所周知，鹦鹉能学会许多词语，他们经常模仿人类说话，这也是我们喜欢把学舌的人称为“鹦鹉”的原因。几年前，荷兰《新鹿特丹商报》最后一版报道了一则兽医讲的鹦鹉趣事：一只鹦鹉咳嗽严重，兽医检查之后没有发现任何问题，决定当晚留院观察。当鹦鹉的主人来接他时，先在外面抽了支烟，结果鹦鹉把主人的咳嗽声模仿得惟妙惟肖[1]。

因其独特的身体构造，鹦鹉是少数几种能模仿人类语言的物种之一，但人们推测，他们的语言能力仅限于模仿。你可以教鹦鹉说“你好”作为问候，但仅此而已。1978年，心理学家艾伦·佩珀伯格（Irene Pepperberg）做了一项实验，实验对象是一只名为亚历克斯的非洲灰鹦鹉[2]。鹦鹉是否具备语言学习能力，她想一探究竟，其假设基于鸟类之间的沟通方式。鹦鹉的语言学习与其行为密切相关。佩珀伯格通过让亚历克斯自己决定奖品的方式来教他说话，而且总是把词汇与用途联系起来。通过学习词汇，亚历克斯对周围环境有了更多的自主权，他能指出自己想要哪种零食作为奖励、何时想休息，或何时想出去溜达。佩珀伯格用这种方法教他新单词，从而了解鹦鹉的思维方式。

通过这种方式，亚历克斯掌握了大约 150 个单词，能识别 50 种左右的物品，能理解并回答与物品相关的问题，能识别不同的颜色、形状、材料和物品的用途等，比如，他知道钥匙是用来干什么的，哪怕是一把形状迥异的新钥匙，他也能认出那还是钥匙；他还能理解“相同”“不同”“更大”“更小”“是”“不是”等概念，有时觉得烦了，还故意说错答案。有一次，佩珀伯格问亚历克斯三号积木是什么颜色，他故意回答“五”。因为这个问题之前已经问过了。他一直重复说“五”，当问到五号积木的颜色时，他却又回答“没有”。他会数数，知道“零”的概念，也会组词造句。佩珀伯格和助手如果犯了错，亚历克斯还会予以纠正。独处时，他会自说自话。曾经有一次，他竟然问佩珀伯格自己是什么颜色的。对于一只鹦鹉来说，这简直就是哲学上的“存在”问题。

美国鸟类学家乔安娜·伯格（Joanna Burger）则描述了她和鹦鹉的另一种截然不同的相处方式[3]。她养了一只 30 岁的鹦鹉，名叫蒂科（Tiko），这只鹦鹉曾经消极内向、脾气暴躁，甚至充满敌意，现在却非常惹人喜爱。蒂科把伯格当作自己的伴侣，甚至会在交配季节向她“求爱”；当伯格的丈夫与其过于亲密时，蒂科还会向他发起攻击。之前的主人从未教过蒂科说话，伯格也无此打算，但她们之间有大量交流，其中不乏口头交流，蒂科大多都能理解。在一天中的不同时段，当伯格说自己要去工作的时候，蒂科就会回到自己的“房间”。他也会说一些标准的鹦鹉用词，比如“你好”和“好孩子”。蒂科不“争风吃醋”的时候，喜欢和伯格的丈夫迈克（Mike）表演二重奏，蒂科“吹口哨”，迈克弹吉他，而这种事情往往发生在他打碎或偷拿东西、迈克生气的时候。蒂科知道“吹口哨”会分散迈克的注意力，所以以此来逗他开心。蒂科还会用各种莫名的语言来表达不同的情绪。伯格接电话时，他也要凑到跟前叽叽喳喳几句。

奥地利动物行为学家康拉德·洛伦兹（Konracl Lorenz）也写过关于鹦鹉学说话的文章[4]。他注意到，鹦鹉对人类的行为习惯非常敏感（比如鹦鹉会在恰当的时机说“早上好”）。此外，一些令鹦鹉印象深刻的事件，也会使其不自觉地记住某种特殊的声音。洛伦兹在一则关于亚马孙鹦鹉帕帕加洛（Papagallo）的逸事中对此进行了描述：鸟儿害怕来自头顶的东西，因为这会让他们想起食肉鸟。第一次听到烟囱清洁工扫烟囱的声音时，帕帕加洛吓坏了。几个月后，当他再次看到烟囱清洁工走过来时，他却喊道：“扫烟囱的人来了，扫烟囱的人来了。”他可能是从厨师那里听说过“扫烟囱的人”这一表达，然后就记住了，因为之前的经历令他印象深刻。

鹦鹉对其他物种的模仿不仅仅限于语言使用方面。伯格描写了这样一幅场景：当人们离开时，有的鹦鹉向他们挥脚致意或做出假装穿外套的样子；还有的鹦鹉在交谈中会适时地点头或摇头。据伯格说，野生鹦鹉也有这种技能。录音记录了两只野生灰鹦鹉200多种不同的表达方式，其中23种是模仿其他鸟类，一种是模仿蝙蝠。在野外，如果想骗过其他鸟类，模仿是鹦鹉的必备生存技能之一，一来可以偷东西吃，二来可以使自己免受袭击。

在社会心理学中，“模仿”一词也指人类不自觉地效仿他人的现象。人会不自觉地模仿他人的姿态和动作，比如微笑、打哈欠、跷二郎腿、单手托腮等，所有这些动作都会相互传染。人们经常下意识地模仿他人，但一旦被指出就会立刻停止[5]。关系密切或处于同一圈子中的人，其模仿行为会更加频繁。模仿有利于团结，因为相互模仿能增进彼此间的了解，使感情更为融洽[6]。猴子身上也存在镜像神经元，当猴子做出某个动作，或者看到别的猴子也在做相同的动作时，镜像神经元就会处于活动状态。不管是观察别人的动作，还是自己做动作，抑或是思考某种动作，人类大脑中都存在相同的镜像交叉区[7]。

和人类一样，亚历克斯和蒂科的模仿行为在不同的情境中其作用也不尽相同。面对敌人时，这是一种自卫方式。正如伯格所言，模仿认识的同伴时，其作用或许与人类之间模仿的作用大体相同——使双方关系更加融洽，或表达亲密关系。佩珀伯格和伯格的例子证明，鹦鹉不仅可以和同类，还可以和人类用语言进行交流——尽管这种语言有别于人类语言，但同样能够在人和鹦鹉间传情达意。佩珀伯格并不是说鹦鹉会讲英语，而是说他会使用单词、理解概念，因此具备一定的智力和理解能力，她试图通过这种区分来说明，相较于人类而言，鹦鹉对单词的使用与其意义间的联系更为紧密。佩珀伯格的系统性研究动摇了长期以来在动物研究人员和普通人中流行的观点：鹦鹉的模仿行为不过是出于本能。

众所周知，狗和主人在一块儿待久了，彼此会越来越像。模仿或许能解释这一现象：他们会不自觉地模仿对方的面部表情和肢体语言，从而变得越来越相像。

黑猩猩“孩子”

20 世纪 20 年代，人们对借助灵长类动物研究语言及其发展产生了兴趣。人类与其他灵长类动物在基因上联系密切，因而人们对语言能力主要取决于天性还是文化这一问题充满好奇。为了寻找答案，人们设计了一种新型实验。该实验由一对动物研究者夫妇完成。他们将黑猩猩带回家，当成孩子一样抚养。以这种方式抚养的首只黑猩猩名叫瓜哥（Gua）。1930 年，七个半月大的瓜哥搬到卢埃拉（Luella）和温思罗普·凯洛格（Winthrop Kellogg）家中，和他们十个月大的儿子唐纳德（Donald）一起成长。瓜哥并没有学会说话[8]。1944年，基思（Keith）和凯瑟琳·海斯（Catherine Hayes）领养了威凯（Viki），通过控制其下颌进行强化语言“治疗”，威凯学会了4个单词，在一定程度上这是“治疗”的结果[9]。由于这两组实验收效甚微，于是人们认为灵长类动物不够聪明，无法学习语言。后来发现，由于黑猩猩的喉咙与人类喉咙的构造不同，导致黑猩猩无法清晰发音，因此，实验的重点转向了手势语。

瓦肖（Washoe）是与人类一起成长的最著名的黑猩猩。她生于野外，美国空军将其从父母身边带走原本是想进行太空实验。艾伦（Allen）和贝娅特丽克斯·加德纳（Beatrix Gardner）将瓦肖带回家中，配合内华达大学的实验研究。他们像抚养孩子一样抚养瓦肖，给她穿衣服、同桌用餐、一起坐车兜风、陪她玩耍，等等。瓦肖有玩具、书籍和自己的牙刷。实验证明，学习手势语卓有成效，瓦肖不仅准确掌握了所教的内容，同时还通过观察，学会了人类之间使用的手势。她还会自创词汇，例如，将水和鸟的手势合起来表示天鹅。

她明白“狗”这个手势可以指所有的狗。她还会造简单的句子[10]。瓦肖五岁时，加德纳夫妇认为已搜集到足够数据，于是将其送往研究机构。她一直在实验室里生活，直至去世。

人们在实验室里进一步研究瓦肖的语言能力。她总共学会了大约250个手势。研究人员还了解了她的想法和感受。瓦肖能认出镜子里的自己，遇到其他黑猩猩时会吓一大跳。新来实验室的学生和她共事时，她会有意识地放慢做手势的速度，以便他们能理解她的意图。负责照顾瓦肖的一名饲养员流产了，几周都没有来，她回来时，瓦肖很生气，对她不理不睬。饲养员决定告诉瓦肖发生了什么：她用手势语说自己的宝宝去世了。瓦肖先是移开视线，然后看着她，小心翼翼地做出哭泣的样子。黑猩猩不会哭，但她知道，人在悲伤时会流泪哭泣。后来饲养员说，相较于瓦肖造出的句子，这个简单的手势更能让她了解瓦肖的内心世界。

另一只黑猩猩尼姆·齐姆斯基（Nim Chimpsky）也是由人类抚养长大的，但他学会的手势要比瓦肖少得多[11]。赫伯特·泰瑞斯（Herbert Terrace）想要推翻关于瓦肖语言能力的研究结论，因此发起了一项实验，并全程参与。他把尼姆随机寄养在一个有 7 个孩子的家庭中。尼姆进入青春期后，时不时会咬伤周围的人。泰瑞斯不得不将他带回实验室。尼姆最终学会了 125 个手势，但是这些手势能否作为其语言能力的体现，人们对此表示质疑。因为他是通过操作性条件反射学会了这些手势——做对了就能得到奖励——而不是因为能理解手势的含义。泰瑞斯认为，尼姆并不理解他在做什么，这也正是他研究的目的。研究结束后，尼姆被带到制药实验室，在那里进行临床试验。最终，他被转移到一家黑猩猩看护所，在那里活到了 26 岁。

还有一些黑猩猩参与了非家庭环境下的研究。1967 年，萨拉（Sarah）和另外三只黑猩猩开始学习如何在实验室环境下分析和创作符号[12]。借助于带有塑料符号的木板，他们学习了一些语法和简单句式。萨拉参与了 20 年的研究，是所有黑猩猩中最著名的一只。另外几只比较著名的黑猩猩还有克米特（Kermit）、达雷尔（Darrell）、鲍比（Bobby）、希巴（Sheba）、可莉（Keeli）、艾薇（Ivy）、哈珀（Harper）及爱玛（Emma），他们现在大多居住在黑猩猩看护所，该看护所为那些在美国实验室中存活下来的黑猩猩提供生活保障。

可可和坎兹

除了黑猩猩外，其他灵长类动物的语言能力也受到人们的普遍关注。1971 年，大猩猩可可（Koko）出生于旧金山动物园。弗朗辛·帕特森（Francine Patterson）在其博士论文中以可可为研究对象，研究了大猩猩的语言，这一研究一直持续到可可去世[13]。可可因为与猫为伴而出名［这只猫没有尾巴，所以叫“球球”（all ball）］。帕特森把她教给可可的语言称为“大猩猩手语”（大猩猩手语和人类的手语很像，但是大猩猩的手型与人类不同，所以手语也不尽相同）。可可知道 1000 多种大猩猩手势语，还能理解 2000 多个人类口语词汇。可可喜欢开玩笑，记忆力超群。她会用学过的手势语表达过去的事情，帮助人类洞察大猩猩的生存方式。她和一只名叫迈克尔（Michael）的雄性大猩猩生活过一段时间，迈克尔懂得大约 600 种手势语，有的是从可可那里学来的。迈克尔不仅用手势语描述物体，还用来交流情感、梦境和记忆，甚至撒谎。他用手势语传达的记忆之一是小时候他的母亲在喀麦隆被偷猎者杀害[14]。此外，迈克尔还喜欢画画[15]。

倭黑猩猩坎兹（Kanzi）通过观看可可的视频学习手语。

当他突然开始使用手语与人类学家交流时，训练师才意识到他拥有这一技能。这一事实表明，倭黑猩猩不仅从人类或同类那里学习语言，还可以通过观察其他灵长类动物学习语言。通过观看其养母玛塔塔（Matata）的课程，坎兹学会了使用符号字——一种键盘符号——用于灵长类人工语言耶基斯语中，主要用于与黑猩猩和倭黑猩猩交流。坎兹懂得 210 个符号字，听到耳机里说的字时，他就会按右边的按钮。坎兹喜欢做煎蛋饼，会玩吃豆游戏，还是一个制造工具的小能手——他会用石头制造出既美观又锋利的小石刀[16]。

坎兹使用符号字时会发出声音——尽管倭黑猩猩不会说话，但坎兹似乎正朝这个方向努力。和之前的瓦肖和尼姆一样，通过研究坎兹和可可，人们想知道这些灵长类动物究竟是在使用语言还是在简单重复词语。尽管从佩珀伯格与鹦鹉的互动中可以看出，鹦鹉完全有可能创造意义，但这项动物研究侧重于教授人类语言。帕特森确信她和可可之间能够相互理解，大猩猩能够理解她的手势。看看帕特森和可可的视频，你会发现这只大猩猩和人类相处得多么和谐。

哲学家兼驯兽师维姬·赫恩（Viclci Hearne）写道，人与动物之间有可能在工作中相互理解[17]。例如，狗和人类感知世界的方式不同，狗依赖气味，而人类则依靠视觉，但人与狗相处时，由于语言和手势可以传达意义，因此互相交流、彼此理解完全没有问题。从生理学角度讲，人与其他灵长类动物之间的相似度胜过人与狗之间的相似度。由此可知，人与其他灵长类动物之间也可以相互交流，彼此理解。然而在这种交流中，人类语言能扮演和应该扮演的角色依然存在争议。倭黑猩猩坎兹认识很多单词，他可以使用人造语言让周围的人了解其意愿，人类也使用同样的人造语言与其交流。通过与狗和马的交流，赫恩指出，在与动物交流时，手势、身体姿势、眼神、触摸和其他互动比人类语言更重要。环境因素也至关重要。在实验室的小笼子里，如果没有其他同类，一只聪明、敏感的动物，很可能与正常社会环境下的动物反应不同。同样，这种人为的环境也会影响人的反应，即语言、手势和其他形式的交流在其使用的社会环境中产生意义。我们考量灵长类动物的语言能力时，不仅要看他们对所提问题的反应，也要看问题本身是否合适。

对瓦肖、尼姆、萨拉等黑猩猩的研究是关于人类语言起源和人类语言在其他灵长类动物中存在的第一个实例。支持这项研究的观点认为，人类是一种超级进化的灵长类动物（达到了进化的顶峰），其他灵长类动物为我们了解历史提供了新的视角。然而从进化的角度来看，这一点并不正确。人类和灵长类动物有着共同的祖先，人类并不是现存的其他灵长类动物的后代。有关其他灵长类动物的描述也存在问题。他们不是进化失败的人，而是有自己特有能力的生物。人类和其他灵长类动物在许多方面相似，但在某些方面又有所不同，要了解这些异同，需要基于他们的世界观展开研究。

有人将非人类的灵长类动物不会说话这一现象归因于其喉头形状，目前科学家们不赞成这种说法[18]。我们确实不知道他们为什么不能说话，但现已查明，灵长类动物大脑中的一小块构造与这种能力有关，这似乎是由基因决定的。同样，认为“其他灵长类动物不能进行复杂的交流是由于他们不会使用人类语言”的观点也是不正确的。和人类一样，黑猩猩在自己的群体中也使用无数的手势语和声音。2015 年，人类就已识别出 66 种黑猩猩的声音和 88 种手势语。研究人员利用这些信息还编撰了一部“词典”[19]。比如，敲打另一只黑猩猩的意思是“停止”；把一只手甩向一边意思是“走开”；举起一只手臂意思是“给我”；轻咬一片树叶表示挑逗；和使劲挠痒痒一样，一个大大的拥抱表示邀请你去某个地方；用一个物体撞击另一个物体是想让你靠近点。不同的手势有不同的含义，但也可能存在一些人类还未注意到的细微差异。黑猩猩还能通过肢体语言告诉他人食物的位置[20]。

有时，黑猩猩群体中也会出现某种潮流，比如在耳朵边戴一片草叶，这在津巴布韦保护区的黑猩猩中特别流行。自2010年以来，荷兰奈梅亨的马普心理语言学研究所的灵长类动物学家就一直在研究这种现象。2007年，黑猩猩朱莉（Julie）开始在耳朵边戴草叶，其他黑猩猩纷纷效仿，尤其是在她周围活动时。戴草叶是黑猩猩群体中首个已知的时尚事例，这一做法没有明显目的，纯粹是为了装饰。2013年，朱莉去世，戴草叶的风尚不再那么流行了，但还是有一些黑猩猩坚持这么做[21]。黑猩猩还有其他传统，比如用棍子捕捉白蚁。他们还会用石头制作工具，这标志着他们已经进入了“石器时代”。

海豚与鲸

20 世纪 60 年代初，神经科学家约翰·利利（John Lilly）在圣托马斯的加勒比海岛上建立了一个实验室专门研究海豚语言[22]。海豚能用鼻孔发出类似人类的声音。玛格丽特·洛瓦特（Margaret Lovatt）是一位年轻女性，她对海豚很感兴趣，但没有任何科学背景，她想通过建立亲密关系和大量训练来研究海豚能否学会说话。1965 年，她和小海豚彼得（Peter）一起搬到水族馆，水族馆里养了 3 只海豚，彼得是其中之一。她每天给彼得上两次口语课，彼得学得很认真，比如，他发现玛格丽特的名字很难读，就试着在水下用气泡吹“M”音。然而玛格丽特很快发现，通过口语课她无法深入了解彼得的想法，反而在嬉闹时收获更大。比如，彼得对她的身体构造非常感兴趣，曾经盯着她的四肢观察了很久，似乎试图理解其身体构造。

这项研究持续了 6 个月。在那段时间里，利利在彼得身上安装了一台激光信号接收器用于实验，结果由于彼得和洛瓦特之间的性行为曝光，该项目被撤回投资。作为青春期的雄性动物，彼得经常产生性冲动，这就妨碍了训练。起初，洛瓦特把他送去另一个水族馆和一只雌性海豚在一起（他得坐一种升降机上去）；之后，她开始用手抚摸彼得。他的动作很快，她也没有表示反对。随后流言四起，《皮条客》上还发文进行了报道。据洛瓦特说，这些报道具有误导性，但是已经造成恶劣影响。彼得被转移到一个小实验室，那里没有阳光，也没有玛格丽特。几周后，洛瓦特接到利利的电话，说彼得自杀了。与人类下意识的呼吸不同，海豚的呼吸完全靠意识控制，需要呼吸的时候就浮出水面，生命变得痛苦难耐时，就会深吸一口气沉到海底自杀[23]。利利继续用诸如音乐或更神秘的方法——如心灵感应等——探究海豚的交流方式。通过深入接触，他意识到囚禁对海豚有害无益。后来他成为一名动物权利支持者[24]。

此后，随着对海豚语言的深入了解，人们逐渐意识到他们的语言相当复杂，但其复杂程度却不得而知，因为海豚的很多声音超出了人类的听力范围。此外，录制声音的设备也持续不了很长时间。研究人员丹尼斯·荷晶（Denise Herzing）利用数字技术将海豚语言与人类语言进行互译[25]，2013 年，她首次使用海豚语言翻译设备成功地翻译了一个单词："sargassum"，一种海藻。对海豚语言的早期研究和我之前提到的对灵长类动物的研究内容类似：海豚学习单词形式和意义，他们知道，一旦改变顺序，单词在句子中的意思就会不同；他们也能学着理解手势语和肢体语言。海豚语言翻译设备为人类提供了与海豚进行广泛交流和对其他海豚行为进行研究的机会。想要正确翻译海豚语言就得知道他们什么时候使用这些符号，他们如何适应广阔的生存环境。不同种类的海豚有自己的方言，甚至语言，这就表明语言具有文化传递性，而并非完全出于本能或基因传递。因此，要和他们进行真正交流还有很长的路要走，还有许多领域有待探索，唯有时间才能揭示在多大程度上可以与他们进行互动。

诺克（Noc）是一头白鲸，20 世纪 70 年代末因"海军海洋哺乳动物计划"而被捕，该计划至今仍在实施。鲸和海豚被用来进行声呐水下炸弹探测，而诺克被用来搜索北极鱼雷。人们通过声音和手势训练鲸和海豚。一天，诺克的教练听到有人在水下说话，但是周围一个人也没有。后来又有同样的事情发生，原来是诺克在模仿人类说话[26]。诺克被终身囚禁，他的教练认为这是一种与人类建立紧密联系的方式。4 年后，诺克不再说话。23 岁时诺克死于脑膜炎。

大象

亚洲象巴图鲁（Batyr）和印度象科西克（Kosik）都被关在动物园里，他们会说人类语言。

巴图鲁生于 1969 年，一直生活在哈萨克斯坦的卡拉干达动物园，但从未见过同类。巴图鲁第一次开口说话大约是在 1977 年的新年前夕，后来逐渐积累了 20 多个句子的词汇量。例如，他会说“巴图鲁很好”这样的句子，会使用诸如“给”和“喝”之类的词语，还会说“是”和“不是”，偶尔也会飚几句脏话。他还会根据心情改变自己名字的发音，会通过鼻子改变舌头的位置。晚上在笼子里他会轻声地自言自语，无须借助舌头，却能发出含糊不清的声音。他模仿的不仅是人类的声音，而且还有狗、老鼠以及机械的声音[27]。

科西克生活在韩国的一个游乐园里，他自学了很多单词，比如，“你好”“坐下”“躺下”“不”“好”等，听了录音的韩国人能准确理解他在说什么。科学家们不太确定科西克是否明白自己在说什么：他知道“坐”这个词，但在说这个词的时候并没有期望动物管理员坐下，所以他没有把这个词与指令联系起来。5—12 岁是大象发育的关键时期，游乐园里只有这一头大象，因此科学家们认为，他模仿人类语言，是为了与人类建立更为牢固的关系。和巴图鲁一样，科西克用鼻子说话，声音频率与饲养员的一致。目前他和一头母象生活在一起，彼此交流时使用大象语言，但与周围的人交流时却使用人类语言[28]。

然而对于人类听力而言，海豚的发音太高，而大象的发音又太低。和海豚一样，大象生活在复杂的社会关系中，声音在其交流中起着重要作用。大象可以分别用嘴巴和鼻子发出两种声音。低频声音，又称次声波，低于人类听觉的阈值，比高频声音传播得更远[29]，这种声音在 4 千米之外都能听到，声音大的话甚至可以传至 7 千米之外。这些有关声音的研究发现为大象研究者解决了很多难题，比如，雄象如何在交配季节远距离定位雌象，相距几千米的家庭成员如何找到同一地点。为了听到次声波，研究人员以大约 3 倍的速度播放录音。大象听力项目研究人员[30]认为，大象语言表达内容丰富，不仅可以通过语言传达信息，还可以表达情感、意图和身体特征。他们对熟识的伙伴会用特定的声音（他们能根据声音分辨出几百个不同个体），对人类和蜜蜂又有不同的声音和语言，声音可以用来表明家庭关系，也可以用来表达抽象概念。

大象之所以能形成如此复杂的群落，原因之一是他们记人记事的能力很强。母象通常成群生活，而公幼象一到青春期就离开家，和其他公象一起生活。长期以来，人们一直认为，只有在争夺母象和土地的时候，公象才会进行社交活动。但最近的研究表明，公象之间也会建立亲密友谊，其朋友圈比人们想象的更广泛[31]。

大象之间的亲密关系不会因为死亡而结束。大象濒临死亡之际，其他成员——通常是家人——会站在他身旁，用鼻子轻抚安慰他。大象死后，会保持站立姿势，其他成员用泥土和树叶覆盖其尸体。多年之后，他们还会回到象冢。大象对陌生人的骨头很感兴趣，他们良好的记忆力和与已故亲人的密切关系表明，他们对死亡有抽象的理解。也许对其语言的后续研究会对这一问题有进一步的启示[32]。

研究大象的语言和智力以及野生大象之间的社交关系，可以帮助人们更好地了解动物园里“会说话”的大象。就大象的智力而言，学习人类语言并在正确的语境中使用并非难事。他们以一种具有生理挑战性的方式尽力正确地模仿单词，这一事实表明社交对他们来说至关重要。巴图鲁从不知道其他同类的存在，一生都生活在一个狭小的空间里，生活孤单而无趣。他使用的人类语言在语言能力方面给我们的启示，远不如大象听力项目研究带给我们的启示深远。

相互呼唤

康拉德·洛伦兹分享了他与动物生活的经历。这些动物可以在房子里或房子周围自由活动[33]，他和妻子无暇专注照顾孩子的时候，会把孩子锁在婴儿推车上，而不是把动物关起来。洛伦兹还亲自养鸟，并因一种动物行为理论“印刻”而闻名。某些鸟类的幼鸟刚从蛋里孵出来时或在随后几天里，会把第一眼看到的任何生物当作自己的父母，不管是人类还是他们真正的父母。然而，并不是所有鸟类都会立即追随人类。对鸭子、鹅和天鹅这样的鸟类来说，未来父母发出的声音至关重要。为了便于养鸟，洛伦兹不得不模仿鸭妈妈的叫声，他也因此学会了鸭语。

与母亲的呼唤一样，鸣叫在鸟类的相互交流中非常重要，被视为一种本能的表达，即在特定环境中发出的本能的声音。洛伦兹描述了在许多物种中本能和智力如何相互交织在一起。对许多动物来说，对鸣叫的反应与生俱来，不需要学习就能自动做出反应，就像孩子不需要学习如何哭泣一样。同时，鸣叫还具有文化功能。鸣叫声传递给某一群体成员，有创造力的鸟儿可以赋予其自身独有的特点。乌鸦罗亚（Roah）由洛伦兹养大，即使成年后和其他乌鸦一起生活，他仍然常来和洛伦兹一起散步、滑雪。随着年龄的增长，罗亚变得越来越紧张，他不喜欢回到曾经有过不愉快经历的地方，也惧怕陌生生物。这时候，他会低低地飞过洛伦兹的头顶，像呼唤同类一样呼唤他，以示提醒。不过，他发出的声音并不像其他乌鸦的叫声，而是用人的腔调叫罗亚的名字——洛伦兹过去常这样叫他。洛伦兹写道，他从未教罗亚如何发出人声，罗亚为洛伦兹发明了这一叫声。洛伦兹认为，这是他所知道的唯一能表现此类语言洞察力的动物实例。

乌鸦和其他鸦科鸟类可以发出各种声音：不同的语调、音高和语速，声音的含义也不尽相同，可以用来表示各种不同的事物，比如个体之间的区别。乌鸦研究员迈克尔·韦斯特菲尔德（Michael Westerfield）的研究表明，乌鸦不仅会发出不同的声音表示“人”“猫”和“狗”，而且还会区分两只不同的猫——不猎食的老猫和猎食幼鸟的小猫所用的声音不同[34]。幼小的乌鸦在学会真正的啼叫之前就会咿咿呀呀地叫个不停，研究人员将此与婴儿语言进行了比较[35]。乌鸦主要和家族成员交流，但在进食前和进食时，会和不认识的同类有大量交流，特别是在捕猎食物遇到困难时。在一项研究中发现，一群乌鸦在一个树干深洞里看见了甲虫的幼崽，这些原本不相识的乌鸦立即开始交谈，可能在商量如何把甲虫幼崽弄出来的最佳方案。研究者克里斯钦·鲁茨（Christian Rutz）说，对他正在研究的这群乌鸦来说，为他们提供难以获取的食物产生的效果和在办公室里放一台咖啡机的效果是一样的[36]。

对鸦科鸟类的观察表明，他们能以人类曾经认为的灵长类和鲸类动物所特有的方式进行交流，如果你危及到他们的孩子的安全，他们会非常生气，从此会永远记住你的长相，只要你一经过，他们就会对你发起攻击[37]。鸦科鸟类会把食物藏起来，这说明他们有很强的记忆力[38]。乌鸦不仅用声音交流，而且还会用手势传达物体信息[39]。鸦科鸟类也能解决复杂的难题。研究者亚历克斯·泰勒（Alex Taylor）演示了一只绰号为“007”的乌鸦为了得到一份美味的点心如何分八步解决难题。他先用一根短棍从一个四周有木条的盒子里取出一块石头，然后从另一个盒子里取出第二块石头，把石头扔进一个塑料容器里。再从围有木条的盒子里取出第三块石头扔进容器里。石头的重量打开了塑料容器口，最后他用一根长棍取出了肉块[40]。鸦科鸟类（像渡鸦、喜鹊和其他一些鸟类）会在某个群体成员死亡时举行葬礼，他们有时成群结队地聚集在死去的朋友或亲戚周围，并发出各种各样的声音[41]。

从既定真理到语言游戏

人类与动物之间有多种语言互动方式，这些方式虽然不像荷兰语或英语等自然语言，但却可以肯定地将其解释为语言表达。

自柏拉图以来，哲学一直在寻求真理。柏拉图所描述的真理普遍而明确，他认为真理并非存在于日常，而是蕴含于永恒的理念中，这种理念只有凭借理智才能得以感知，在现实生活中也能感受到理智的存在。真理的形象伴随着这样一种观念，即语言是对其所指代事物明确而纯粹的反映；同时真理也伴随着这样一种理念，即语言这一概念可以被明确定义和认识。根据这一概念，语言的意义有精准的定义，可以被普遍应用。

维特根斯坦在其晚期作品中驳斥了词语具有明确含义及可以通过某种方式对语言加以定义的观点[42]，在他看来，给语言下定义是不可能的。这种观点也影响了语言与意义的功能。语言的使用方式数不胜数，在不同语境下，词语、概念及“语言”一词的意义都不尽相同。

要想理解什么是语言，就必须研究语言的功能，这一点可以通过研究语言的使用得以实现。维特根斯坦将“语言”与“游戏”一词进行了比较。许多不同的游戏并无共同特征，因此无法对其进行定义，有的游戏有共同特征，而有的却不然，只有玩这个游戏时才知道它不过是个游戏。语言亦是如此。“语言”这一概念中包含无数使用语言的方式，但并非所有的方式都具有一个共同的特征供我们定义语言。维特根斯坦谈论“语言游戏”时并不是说语言就像一种游戏，或者人们使用语言时就是在玩游戏，而是说语言概念与游戏概念的结构类似。

维特根斯坦的“语言游戏”这一概念涉及语言的整体、个体的语言实践和原始的人造语言。因为没有固定定义，因此也适用于探讨动物交流、适用于研究各种语言行为。语言游戏不仅限于文字，还包括手势、姿势、动作和声音。维特根斯坦举了唱歌、祈祷、吹口哨、讲笑话、求和等例子，通过面部表情、语调及手势，可将一个严肃的句子变为笑话。有人尚未完全掌握一门语言，可能使用了意义错误的词语，但仍然可以借助手势表情达意。维特根斯坦认为，意义与用法密切相关，这与佩珀伯格和亚历克斯交流中提出的观点非常相似。我上面讨论的情况不能像荷兰语那样被理解为自然语言，但肯定可以被视为人与动物之间的语言游戏。

语言与思维、语言与现实之间的关系都是哲学研究的课题。很多人认为，使用语言的能力存在于大脑之中，但是维特根斯坦将焦点从大脑转向语言与世界的关系，特别指出了社会实践的作用。话语的意义既不是来自外界（一种更强的力量或世界的必要结构），也不是来自心灵（他人无法看到的封闭空间）。语言通过使用获得意义，因此语言使用始终是一个公共问题。即使人们用言语进行“思考”或记录思想，这一社会因素依然存在——我们从别人那里学会了说话和写字——我们表达自我的方式依旧是传统或文化的一部分。这种表达方式有可能发生变化，但完全脱胎换骨却绝无可能。强调意义与用法之间的关系为研究动物语言提供了一种全新的视角，在这种视角下，对动物思维的怀疑不攻自破。我们需要研究他们如何使用语言和接收语言，而不是了解其内心的想法来决定他们是否使用语言。

同样，因为与动物共同生活，所以在某种程度上，人类概念的形成与动物有关。孩子有时通过动物的行为、有关动物的故事以及与动物的互动学习词语意义。澳大利亚哲学家雷蒙德·盖塔（Raimond Gaita）写过一本关于他生活中的动物的书[43]，书中讨论了动物如何影响人们对语言的认识。语言从本质上说是一种社会现象，因为人类与动物生活在同一社区，因此动物对人类所使用的词汇也发挥了一定的作用。考虑某一概念的意义以及该概念与动物的相关性时，我们必须考虑到这一点。动物是否像人类所认为的那样有疼痛感或有意图打算，仅仅有这种怀疑就已背道而驰了。人们通过观察和谈论动物的疼痛来了解疼痛的含义，因此他们身体的疼痛已经成为“疼痛”意义的一部分。动物不必为了理解某个概念而满足特定的认知标准，因为他们的思想和行为已经成为该概念的一部分。

维特根斯坦的语言观有助于思考动物语言，他的方法也为动物是否有语言这一问题提供了新的思路。把语言作为整体这一定义方式也可以看作是一种语言游戏，在这一语言游戏中，理性的成年人将某一特定的语言表达形式定义为真实或真正的语言。这种思维方式由来已久，并非凭空出现。这一社会实践受权利关系影响。人们可以研究概念的历史，研究社会关系对概念变化的影响。以“权利”这一概念为例，在希腊城邦中，只有自由人才有权做出政治决定。奴隶和妇女、动物和儿童都没有权利。各类运动，如民权运动和妇女运动确保了民主权利适用于大多数成年人，至少在理论上，人们被赋予新的权利，“权利”的含义从特定人群特有的权利扩展为所有人享有的权利。当然，动物权利并没有被包括在内，如果动物获得权利，那么权利的概念将再次改写。

维特根斯坦认为，研究语言的意义就要研究现有的语言游戏，就要通过研究语言游戏形成的实践来展开研究。因此要谨记，教动物说人类语言时，在这种人为环境下，动物学会的不过是一种人造语言。动物与其培训师的关系至关重要，这与他们与同类的关系、与所使用的方法等同等重要。

研究人员已经研发出了犬类的 K9 手语，并教会他们使用符号字。把一只狗介绍给一只豚鼠时，狗按下了“食物”这一字符，而不是像研究人员所期望的那样按下“玩耍”这一字符[44]，这让我们多少了解了一点狗的想法——在这种情况下，其他物种的同伴被视为可吃的午餐，而不是玩伴。但这一案例还远不能让人们洞悉狗的沟通能力或某一物种特有的语言能力，而只能告诉我们，动物在这一具体的语言游戏中的表现。相比之下，狗可以传达非常复杂的气味信号，但这种技能却不是语言。致力于教动物讲人类语言的人类正在参与一种语言游戏，在这种游戏中，人类语言被视为唯一真正的语言和衡量智力及语言能力的标准。

学会说话

在撰写本书之际，人类、蝙蝠、大象、海豹和鲸这五种哺乳动物被认为有能力学会如何发出新的声音[45]，他们可以学会人类语言，有的还能学会其他动物语言，或者试图学习动物语言。例如，逆戟鲸能模仿海豚的声音，并利用这种技能与海豚交流[46]；鹦鹉模仿其他动物的声音既是为了自卫，也是为了捕食动物。但是将其他哺乳动物排除在外似乎为时过早。红毛猩猩蒂尔达（Tilda）生活在科隆动物园，她能像人一样吹口哨，发出各种听起来像人的声音，这些声音完全不同于猩猩在野外发出的声音，特别在节奏和元音与辅音的交替方面，与人类语言非常相似[47]。网上也有猫和狗模仿人类声音的视频，但其科学意义尚不明确。大象科西克会发音，但在模仿时如果只看单词似乎存在困难。动物主要通过手势、肢体语言、气味和其他表情来表达自我，也许这就是通过模仿学会的交流方式。

大多数会说话的动物都属于非常社会化的物种，他们说话的原因各有不同：囚禁时，可能是为了加强与捕获者的联系，或者因为这是他们唯一能听到的语言。说话可以让动物控制所处的环境，例如坎兹就像使用工具一样，用符号字来索要比萨。说话也可能是一种游戏，比如一条被捕获的日本白鲸，说话的原因似乎是为了让人类参与游戏[48]。有时，动物在野外利用其学习能力来强化现有的人际关系、给他人留下好印象或者求偶。还有一些动物会模仿其他声音，比如，鹿特丹火车站的椋鸟会模仿火车发动的声音，还有一些鸟会模仿电铃的声音。科学家认为，他们这样做的目的是为了给别人留下深刻印象[49]。

声音模仿是人类语言的基础，模仿能力使我们能够学习和再现大量的单词和声音，这就是人类词汇如此丰富的原因。同时，学习不仅仅是模仿，词汇理解不能脱离语境。维特根斯坦在《哲学研究》一书的开头描述了这样一幅场景：孩子通过把词语与物体联系起来学习语言，"table"指桌子，"chair"指椅子。他写道，这确实是一种学习语言的方式，但却不是唯一方式。学习语言时，仅仅学习单词和与之相关的物体或动作是不够的，因为单词在语言实践中才能获得意义。单词的意义因情况而异，这就意味着要使用好语言，就需要知道词的用法。这不仅仅是模仿，人和动物都是如此。

当语境或者语言游戏——暂且用维特根斯坦的术语，涉及通过学习单词以换取奖励时，动物学习单词的能力与语言能力关系不大，而是更多地体现了通过学习单词换取奖励的技巧。不会发音的动物被自动排除在这种语言游戏之外，而日常生活中不需要模仿，且不擅长模仿的动物也不占优势。但是，尽管学习人类语言通常是人类设计的人为过程，但仍然可以让我们对动物有所了解：比如他们的思维、文化、记忆能力和学习方式等。例如，大猩猩迈克尔展示了他小时候在野外经历的记忆，这表明了其叙事身份记忆（在较长一段时间内对自我的理解）和情景记忆（一种记录个人经历的记忆，是长期记忆的一部分）。在此我们还要注意以上案例不仅仅涉及声音模仿，在可可和瓦肖的案例中，动物与人类进行情感交流时，最有意义的交流是手势和眼神交流。

第二章

动物世界的交流

第二章　动物世界的交流

人们漫步街头，或相互交谈，或与路人搭讪，或打电话、发消息，或因不小心与路人相撞对骂几句。头顶的窗台上一只雄鸽对着一只雌鸽咕咕叫；海鸥在天空盘旋、尖叫、寻找食物；在街道或大楼的缝隙中，蚂蚁爬来爬去，留下气味，让其他同伴知道这附近有食物；住在墙缝里的老鼠尽管歌声高昂，但别人几乎听不到；肉食店门前，一只狗眼巴巴地等着香肠，还不时和路人进行眼神交流；一条正在修建的地铁隧道里，一只老鼠用信息素警告另一只老鼠；附近的运河里，一只鲈鱼通过振动鱼鳔与同伴取得联系；水面上，小白骨顶们在呼唤妈妈；一只鸭子在向路人讨要面包屑。

城市看似主要由人类居住，但动物也无处不在，他们与同类或其他物种相互交流。人类能很自然地理解某些动物语言，但有的动物语言却完全是个谜，人类对其理解各异，千差万别，有的语言表达能够听到、看到，但却无法理解，而有的语言则完全超出了人类的听觉、视觉和嗅觉范围。在这一章中，我将根据动物的社会功能讨论他们不同的语言表达方式，目的在于展现目前对动物语言的广泛研究。但许多研究项目要么刚刚起步，要么才确定了研究方向，还不够全面。例如，有关鸟鸣的研究由来已久，对鸟的生理结构也了解颇多，但除了像保卫领土这样普遍性的问题外，要想确定鸟鸣的其他确切含义，还需要研究其发生的环境和社会关系，这类研究尚处于起步阶段。

警告声

危险来临时，人们通常会警告他人，发生火情时会大喊“着火了！”；发生交通事故时会大叫“嘿！”或“小心！”；物品坠落时，会喊出坠落物品的名称或从哪儿坠落等。动物之间也会互相警告，有的物种还会发出一声或好几声警告。对许多动物来说，适时的警报简直就是救命稻草。

因为警告声很容易识别，因此对动物之间如何互相警告以提防入侵者这一点，科学家们了解甚多。在人类听来，警报就像是恐惧的喊叫声，比如“救命啊！”或“当心！”等。但研究表明，警告声含义丰富，有时甚至相当复杂，对其研究不仅能了解动物的交流系统，还能了解动物如何体验和看待世界。

草原犬鼠生活在地下，睡觉、生产、排泄的场所各不相同。他们的领地不大，所以总是待在同一个地方——就像人类从一出生就居住在出生的村庄一样——这使他们成为许多捕食者唾手可得的猎物。一旦捕食者掌握了草原犬鼠的位置，就能确定他们迟早会爬上来寻找食物，捕食者只需耐心等待即可。因此，草原犬鼠学会了许多高级的警告声，这些声音在人类听来就像是鸟儿叽叽喳喳的叫声。如果这种声音此起彼伏，听起来就像远处的狗叫声，这也是草原犬鼠得名的由来。草原犬鼠在地下几乎不发出任何声音，主要靠气味交流，见面时，他们多用法式热吻互相问候，这也是他们辨别对方是家人还是朋友的方法。在地上，草原犬鼠也用同样的方式表达问候，有时还会突然跳开（如果对方既不是朋友也不是家人的话），仿佛这个吻令他非常不舒服[1]。

对待不同的入侵者，草原犬鼠会发出不同的声音，以表明入侵者是来自空中还是地面。入侵者的不同方位需要不同的应对方式，将这些信息融合到警告声中非常有用。不仅如此，他们还能详细描述入侵者。比如，若入侵者是人类，叫声中则会说明这是一个人，体型如何、穿什么颜色的衣服以及是否携带雨伞或枪支等；若入侵者是一条狗，则会提及狗的大小、颜色及种类，还会提到行进速度。就像简单的语法一样，警告声顺序不同时，每部分的意义也会随之发生变化。

草原犬鼠在富有意义的结构中使用动词、名词和副词，并进行新的组合，比如“椭圆形未知威胁”。生物学家考恩·斯洛博奇科夫（Con Slobodchikoff）多年来一直致力于草原犬鼠研究，并逐步解读他们的语言——他肯定这是一种语言。除了发出警告，草原犬鼠还会社交（目前正在研究其意义）。有的物种，如黑尾草原犬会“边跳边叫”，并伴随有直立行走、尖叫时抬起前腿跳向空中等动作。这种行为具有传染性，就像足球场上的波浪舞一样，有时跳得太起劲了，还会后仰摔倒。再比如，蛇爬行时也会边跳边发出声音，这似乎是一种快乐的跳跃。

美洲山雀的警告声远比人们想象的高级，他们的警告声中包含了猛禽的详细信息，包括翅膀长度、行进速度和攻击方式。山雀得名于其叫声，其叫声中最重要的信息来自“嘀（dee）”音（山雀的英文为 chickadee）。例如，如果是东部角鸮，他们会发出“哧咔嘀嘀嘀（chickadeedeedee）”的叫声，如果是更危险的鸟类，则会发出多达 15 次的“嘀（dee）”音。在家附近，鸡对来自空中和地上的捕食者会发出不同的叫声，这与捕食者是哪种动物无关，而是与其接近的方式有关。一只来自上方的浣熊会促使其他动物发出“上方有浣熊来袭”的警告信号，而不仅仅是“浣熊来了”的信号。据目前所知，鸡能发出 20 多种不同的叫声，但我们还未真正了解其大部分叫声的含义[2]。

灵长类动物也大量使用声音，黑长尾猴对该地区所有的捕食者都有不同的叫声。对不同警告声反应的研究表明，黑长尾猴从不盲目地对某种声音做出反应，研究人员反复播放某种警告声（比如测试对蛇和猛禽叫声的不同反应），几次之后，黑长尾猴就无任何反应了，因为他们认为录音中的叫声并不可靠。这表明，他们并非本能反应，而是做出评估判断后的反应；呼叫声用来传递有意义的信息，而不仅仅是本能反应[3]。

物种之间有时也能理解彼此的警告声。坎氏长尾猴的警告声就有语法可循：像句子的结构一样，各成分相互连接。尽管狄安娜长尾猴的叫声无此特征，但他们仍然可以理解坎氏长尾猴叫声的含义[4]。有些动物能模仿其他动物的叫声。叉尾卷尾鸟，一种长着红色眼睛的小黑鸟，可以模仿 50 多种鸟类的叫声，等其他鸟儿惊恐地飞走后，他们就迅速偷走食物[5]。鹦鹉不仅能模仿人类语言，还能模仿许多其他动物的声音，包括警告声。对鹦鹉或叉尾卷尾鸟来说，这种能力让其在生存中更具竞争力。

动物的警告有时只有视觉信号，有时是声音伴随着视觉信号，如手势、姿势或面部表情等，这些视觉信号有时还会组合出现。气味在警告中也起着重要作用。一些腹足类动物，如蜗牛和蛞蝓受到攻击时会发出声音，也会在黏液中使用信息素[6]。关于信息素和气味在交流中的作用的研究仍处于起步阶段，但我们知道，蜜蜂、河马等物种的警报气味由几种气味组成，其确切意义由每种气味所占的比例决定。非洲蜜蜂用气味呼叫其他蜜蜂，然后群起发动攻击[7]，这种攻击对人类来说是致命的；蜜蜂用各类化学信息素进行交流，这些信息素就像传达比如关于蜂巢信息的词语一样[8]；加州蓟马是一种有翼昆虫，他们用不同的警报信息素应对不同的威胁[9]，当危险来临时，蓟马幼虫会分泌警报信息素，这种信息素由两种物质组成：乙酸癸酯和乙酸十二酯，形势越危险，分泌的数量就越多，二者比例也会发生相应变化，接收信号的幼虫反应各不相同，说明他们明白发生了什么。这项研究表明，化学警报比预想的更为复杂和详尽，蓟马也不例外。也许还有其他节肢动物同样以这种方式交流。人类也会用气味进行交流——浪漫的爱情似乎主要就是由信息素所驱动——但我们对这类交流却知之甚少。

问候方式

人类很少会对大型食肉动物发出警告，但和许多群居动物一样，人类总是相互打招呼。如果让外星人来研究这一现象，他们会在声音、手势和身体姿态上看到很多变化。我们说完“嗨”和“你好”之后，有时会停下来聊天，有时只是挥手致意；荷兰人会亲吻脸颊或嘴唇1—3次；英美国家的年轻人则经常互相拥抱。

也有人通过鞠躬或握手相互致意，眼神交流或有或无。问候中的文化差异可能会造成尴尬。比如说，某人亲吻他人3次，而对方并不愿意亲吻这么多次，或者一方试图亲吻，而另一方则更希望拥抱。人们打招呼是因为看到彼此很开心或者想要拉近彼此的关系。塘鹅（一夫一妻制的海鸟）就是如此。每当伴侣归巢时，他们都会举行隆重的问候仪式，如蹭蹭对方的头部和脖子。雄塘鹅通常会给伴侣带回诸如鲜花之类的礼物，用来装饰爱巢或者当作项链[10]。翠鸟也会用礼物取悦伴侣，通常是诸如鱼之类的食物[11]。松鸦和乌鸦也不例外，他们会送食物或挑选特别的礼物给自己的伴侣。研究发现，这些鸟儿与自己的伴侣心有灵犀，因此常常选择一些他们认为伴侣会喜欢的东西，这意味着他们拥有一种“心智理论”能力（即从他人角度看待问题的能力），而这种能力通常被认为是人类和其他灵长类动物所特有的[12]。

与动物一起生活的人类往往对动物问候方式的变化比较

敏感。朝夕相处的动物经常相互问候致意，但问候方式却亲疏有别。熟悉的主人回家时，甚至陌生者拜访时，狗都会表现得非常热情。打招呼时，他们往往通过嗅觉了解其他狗的状态和特征，一旦认可对方，玩耍就成了促进彼此了解的绝佳途径。狗之间没有标准的问候方式，打招呼时有时被无视，有时被关注，有的狗只是摇摇尾巴。狗在紧张不安时可能会咆哮或吠叫，通常这种交流所包含的信息比人类所理解到的信息要多得多[13]。例如，狗善于理解犬吠中隐含的意义。通过研究吠叫录音我们发现，狗从很远的地方就能判断出其他的狗叫声到底是因为生气、为了保护食物，还是为了阻止入侵者；而对人类来说，诸多细微差异都被忽略了。比如，狗高兴时尾巴向右摇，感到危险或害怕时尾巴则向左摇。同伴对此心知肚明：尾巴向右摆动无关紧要，向左摆动时就需提高警惕。尾巴的长度和位置也不容忽视[14]。

雄性狒狒牙齿锋利，所以打架时经常受伤。他们不会一块玩耍，也不会为对方梳理毛发，所以打招呼实际上是其表达友好的唯一方式，因此他们经常互相问候，而且问候方式非常亲密：他们让对方握着自己的阴茎，甚至含进嘴里——

这是一个容易受伤的位置，尤其是考虑到狒狒锋利的牙齿。问候仪式如下：雄狒狒接近另一只雄狒狒时，先做出威胁对方的动作，然后咂咂嘴，表示自己想和对方打招呼，接着便做出“过来”的表情，眼睛眯着，耳朵平放在头边。另一只雄狒狒通常也会咂咂嘴，同时进行眼神交流——有时这也是约架的信号。接着一只狒狒让另一只狒狒看他的屁股，另一只狒狒则迅速骑到他身上，摸摸身体，拽拽阴茎，然后迅速离开。这个仪式通常只需几秒钟。动物行为学家芭芭拉·斯穆茨（Barbara Smuts）研究了狒狒的问候礼仪后指出，狒狒传达的信息包括社会地位、合作意愿、年龄和性别。年长的雄性狒狒通常平和地完成这一问候仪式，而年轻的雄性狒狒却不太一样：有时一个想要问候，而另一个却不愿意，因此仪式被迫中断。斯穆茨认为，问候是评估对方合作意愿的重要方式[15]。

从这一点看，人们不仅能了解狒狒如何互相致意，还能了解致意的功能。斯穆茨指出，人类在很大程度上依赖语言达成关于未来的共识，而动物不会语言，因此无法达成类似共识[16]。但是狒狒之间的问候却表明，他们可以就未来达成共识。生态学家斯穆茨（Smuts）、马克·贝科夫（Marc Bekoff）和科学哲学家科林·艾伦（Colin Allen）[17]认为，狗和其他物种，例如狼，在玩耍中也存在类似的社交共识（在第六章讨论元交际时，我将详细阐述这一点）。动物之间打招呼通常不仅仅是表示问候，更是在表达自己的意图，认识到这一点非常重要。和人类一样，动物也利用面部表情、手势、肢体语言和声音达到这一目的。

身份

几年前有一则大新闻：海豚互相称呼对方的名字[18]。和人类一样，他们用自己独有的语音向其他海豚介绍自己，并相互称呼。海豚绝不是唯一有名字的动物。鹦鹉的父母会给孩子取名[19]；每只松鼠猴都有一个特别的"咕咕"音代表自己[20]；蝙蝠用各自的名字称呼对方，这样就能在黑暗中找到对方[21]——在数量众多的群体中，这特别有用。名字很方便，因为你可以叫别人的名字，也可以让别人知道是你来了。

身份不仅仅通过声音传达。鬣狗生活的社会极具流动性，其中雌性占主导地位。他们利用肛门腺的气味信号互动，这些气味信号以252种不同排列方式出现，并形成一个个随时间变化的个体特征。这些气味也会被群体中的其他成员覆盖，这样一来，路过的狗经过时就可以充分了解居住在某地的鬣狗的年龄、性别、地位、健康、情绪以及整个群体的战斗力[22]。对狗来说，肛门腺的气味也提供了类似特征，这一点每个爱狗人士都很清楚——尿液和粪便中也隐含着身份信息。有时，城里的狗虽然素昧平生，但却对对方莫名厌恶，很可能他们早就知道对方的存在，因为曾接触过对方的气味痕迹，因此怀有敌意并非毫无缘由[23]。

许多动物还会利用粪便和尿液中的气味，例如河马和兔子都喜欢用粪便标记领地[24]；龙虾的管状膀胱长在眼睛下面，里面装满尿液，打架时雄性龙虾会把尿液喷到对方脸上——龙虾之间打架是家常便饭，他们还能记得和谁打过架——他们脑中有幅心理地图，知道谁住在哪里。只有最强壮的雄性龙虾才会与雌性龙虾交配。雌性龙虾只在刚蜕壳时交配，她们把尿液喷在雄性龙虾的脸上，让其晕头转向，自己则手舞足蹈一阵。交配时，雄性龙虾会保护雌性龙虾，但一旦雌性龙虾的新壳变硬，雄性龙虾就会离开，继续和下一只雌性龙虾交配。雌性龙虾之间不会互相争斗[25]。

和猫一样，蛇也有雅各布森器官，这一器官位于口腔顶部，是一个化学感受器官，是嗅觉系统的一部分。蛇用该器官闻气味，他们的舌头能捕捉到气味粒子，并将其置于雅各布森器官中——该器官有两个开口，能够全方位地闻到外界气味。蛇利用这一器官寻找猎物，并与同伴交流，身体留下的痕迹和经过的空气中都含有信息素，信息包括性别、年龄、是否怀孕等[26]。幼蛇循着这些线索寻找共享的冬眠位置。鼓腹巨蝰是一种主要分布在非洲南部的毒蛇，他们不仅会留下气味让别人有迹可循，而且还会伪装气味欺骗捕食者[27]。蛇也用触觉交流，有些眼镜蛇还会发出低沉的吼叫声[28]。

狼会使用类似狗的气味信号。此外，他们还会嗥叫，身份和社会关系的线索体现在频率与声调当中——狼对与他们关系更密切的同类嗥叫或歌唱的时间更长、声音更大[29]——嗥叫声可能在分享信息，但具体分享什么信息却不得而知。郊狼也会通过嗥叫给狼群成员传递身份信息，好让他们知道自己的存在[30]。

澳洲野狗是一种介于狼和狗之间的野狗，他们既会像狗一样吠叫，也能像狼一样嗥叫，但他们很少吠叫，其吠叫声比家狗的短，比狼的次数少。嗥叫可能是个体事件，比如用来讨论食物或等级。因为声音传播的距离很远，所以在澳大利亚荒野中，这也不失为一种交流的好方法。澳洲野狗会成群结队地嗥叫，或用来表达快乐，或用来表示警告，或与同类交流狼群规模的大小而无须相互对抗。澳洲野狗一起嗥叫时，声音频率就会增高[31]。

物种内部不同的动物群体有时会用不同的方言。鲸的叫声因群体而异，有的鲸会从某一群体中挑选一首流行歌曲，然后在自己的群体中流传扩散；鹦鹉生活在20—300只的鸟类群落中，每一群落都有自己的方言[32]，有的鹦鹉能说多种方言；白冠麻雀的领地分明，站在边界上，就可以听到左侧是一种方言，右侧则是另一种方言[33]。

大山雀也有自己的方言，人们对其社会规范的传播进行了研究。圈养的山雀会学着打开一扇红色或蓝色的门，里面是装有肉虫的食物笼子——对山雀来说，这是独有的美食。随后研究者把这些山雀和野生山雀放在一起，结果野生山雀很快就学会了如何捕捉肉虫。小型追踪器记录了哪些鸟通过哪扇门获得肉虫。20 天后，四分之三的鸟学会了这种捕虫方式，绝大多数鸟会跟着第一只被教会的鸟选择与其相同的门。随后笼子被移走，一年后又放回原处，这些鸟立刻又选择同一扇门。值得注意的是，原来的五分之三的山雀已经死亡。研究人员认为，这种社会规范可能也存在于其他生活在稳定社会群体的动物身上，因为行为创新和传承新技能有助于族群生存[34]。

为了确定动物是否知道自己是谁、是否有自我意识，研究人员开发了镜像测试。在该测试中，研究者在动物的前额贴一个红点，然后让其站在镜子前。如果动物试图从自己前额上去除红色斑点，说明他们有自我意识。也就是说，动物能够在镜子中认出自己。大象、喜鹊、黑猩猩、猪和许多其他动物都有这种自我意识。不过镜像测试也存在弊端：第一，有些动物不在乎皮肤上是否粘有贴纸；第二，在某些文化中，照镜子是不好的行为；第三，该测试不适用于那些其他感官优于视觉的动物。

大象用泥巴洗澡保持凉爽，他们并不排斥在皮肤上粘有贴纸之类的小东西，因此，尽管大象智商高，社会意识强，但镜像测试得分却很低[35]。就文化而言，大猩猩是群居动物，有自我意识，但因为天生害羞，很少与同类进行长时间的眼神交流[36]，所以镜像测试得分也很低[37]。该测试也不适用于视力不好的动物[38]。狗对气味的敏感度超过视力，所以马克·贝科夫提出了由镜像测试改编而来的“黄雪测试”[39]。狗对气味很敏感，这给贝科夫的实验带来了启发：他从雪中收集狗的尿液观察狗的反应，一只名叫杰斯罗（Jethro）的狗闻自己尿液的时间比闻其他狗的尿液的时间要短得多，由此可知，他对自己和其他狗的气味特征反应明显不同。

食物和爱

群居动物之所以群居，是因为一起觅食和养育后代更有安全感，但群体生活也有不利之处，如食物短缺时会引起纷争。

群居动物通常有完善的系统就这类问题进行交流。单只蚂蚁自由外出觅食，而群居蚂蚁则使用寻食系统觅食，方式如下：侦查蚁四处觅食，发现食物后便返回巢穴，并在沿途留下气味；其他蚂蚁则循着气味找到食物，并在返回途中留下自己的气味，因此寻找食物的效率越来越高[40]。比起幼蚁，年长的蚂蚁更善于发现食物和规划最佳路线。

在交流食物位置方面，无刺蜂有一套完整的行动指令[41]，比如跳舞、制造噪声、使用由不同气味组成的复杂化学信号等，这些化学信号就像句子中的单词一样。某类无刺蜂更喜欢巢穴中的化学信号——带有信息素的气味痕迹：这些都是后天学来的，而非与生俱来。

个别动物还会共享食物。父母一般只喂养自己的孩子，但群体中的其他动物也会互相帮助，这种帮助并不需要立即得到回报，只是期望其他动物也能以这种利他主义方式互惠互利。吸血蝙蝠表现出亲密的互惠利他行为。他们以哺乳动物的血液为食，每晚定时觅食，如果连续 70 小时没有进食，就会面临死亡威胁，所以饱腹的吸血蝙蝠会把血吐进那些不幸空腹的同类嘴里。这种情况通常发生在亲戚之间，但也不完全如此[42]。研究发现，雌性罗德里格斯果蝠之间也有类似做法，即使没有亲缘关系，她们也会互相帮助分娩[43]。

顺便说一句，警告声也是互惠利他的方式之一：呼叫者把注意力吸引到自己身上，目的是帮助他人。如果群体中所有动物都这么做，那么这一群体就更加安全。之所以有动物呼叫，是因为其他动物也这么做，这是一种合作形式。互相梳理毛发也是如此，用于增进彼此间的感情。

通过饮食习惯，可以了解某些物种的记忆力。黑猩猩能记住三年前的果树，以后会回来看看是否还有果子供其食用[44]。倭狐猴主要以水果为食，其空间记忆力超过更容易获得树皮、树叶为食的动物，水果有季节性、有特定的产地，所以倭狐猴必须记清楚食物的位置[45]。山雀、乌鸦和松鸦会在秋季储藏食物，并牢记食物的位置，以便顺利过冬[46]。灌丛鸦会根据不同的观察对象调整捕食策略：若有陌生的灌丛鸦在其视觉范围内，他就会吃掉食物；若对方在其听觉范围内，他就悄悄地把食物藏起来；其他情况下哪怕同类在场，他们也会将食物储藏起来，这都取决于彼此关系的亲密程度。这一点说明，他们会根据经验判断其他鸟如果看到食物的藏身之处是否会偷食。他们已经预料到了这种情况[47]。

食物可以帮助动物提高威望，巩固其在群体中的地位。公鸡一般都安静进食，但如果附近有母鸡的话，他就会大声叫唤，告诉对方自己找到食物了，以此提高声望。有时，压根儿没有找到食物，他们也会用叫声吸引母鸡[48]，这就把我们引到了爱的话题上——炫耀食物成为给母鸡留下良好印象的方式。但其他鸟类的炫耀方式更为复杂。

园丁鸟收集漂亮的东西，如蜗牛壳、树叶、花朵、塑料碎片、沾了浆果汁的石头、为了收集而专门杀死的甲虫，甚至还有捕杀鸟类得到的蓝色羽毛。他们用这些东西建造亭巢，然后通过唱歌跳舞来吸引雌鸟观看。如果雌鸟喜欢那个亭巢，他们就会进入场地交尾。然而，雌鸟一般比较花心，所以雄鸟可能会在亭巢上花费大量心思，并尽其所能地跳舞。因为如果雌鸟被其他雄鸟吸引，一切就都前功尽弃了[49]。

信天翁实行一夫一妻制，他们的寿命很长，有的能活到60岁，所以择偶时非常谨慎。其复杂的交配仪式是一种舞蹈，包括全套仪式化的动作，如呼唤、注视、挥脚、啄羽毛等。如果从师于年长的鸟的话，信天翁就能快速学会这种身体语言的规则、原理和结构。信天翁从5岁时开始性成熟，在之后几年持续数月的交配季节中，他们与不同的舞伴翩翩起舞，舞蹈动作逐年完善，但舞伴数量却在逐年减少，经过三四年的“考察”才会确定爱侣。在一年又一年的求爱舞中，伴侣之间会形成自己的语言，即他们自己特有的舞蹈。爱侣从此厮守终生[50]。

加勒比海暗礁鱿鱼的皮肤有色斑，这意味着其细胞中含有生物色素并能反射光线。因此，他们可以通过绷紧或放松附着在细胞上的肌肉来改变颜色，比如让身体呈现一种伪装色，或通过改变颜色与其他鱿鱼交流。雄性鱿鱼遇到想要交配的雌性鱿鱼时，会通过皮肤颜色表达情感，而雌性鱿鱼也会通过皮肤颜色表达自己是否喜欢对方——通常周围对手林立，如其他也想要交配的雄性鱿鱼。暗礁鱿鱼可同时与两只鱿鱼交流——面对雌性一方发出的白色斑纹信号表示交配邀请，而面对雄性一方发出的信号则是示意其走开；若雌性鱿鱼身体出现斑马纹，而且颜色越来越黑，表示她不想交配。颜色模式变化迅速而复杂，所以人类捉摸不透他们之间到底传递了什么信息，但加勒比海暗礁鱿鱼对此一清二楚。研究人员认为颜色的变化有规律可循[51]。

色彩也是鱼类交流的重要方式之一，许多鱼类都会使用伪装色。珊瑚礁鱼色彩艳丽，和暗礁鱿鱼一样会让身体变色。他们还会利用紫外线（人类感知不到）[52]与珊瑚礁交流[53]。如果附近有捕食者，鹦嘴鱼会在尾巴上显示出眼睛的图案[54]。人们认为，和暗礁鱿鱼一样，鱼类身上的色彩是一种复杂的语言，但人类对其知之甚少。为了吸引配偶（或讨论其他事项），鱼还会通过振动鱼鳔发出咆哮、吱吱和砰砰的声音。鱼鳔是胃里的一个充气袋[55]，尽管并非所有的鱼都能发出这种声音，但是所有的鱼都能听到这种声音。他们对说话的乐趣取决于物种，也许还取决于个体。鲂鱼是最健谈的鱼：事实上，他们整天都发出咆哮的声音[56]。鳕鱼并不擅长发声，只有在产卵时，雄鱼和雌鱼才会同时发声[57]。大眼鲷，能发出砰砰的声音，这种声音像摩尔斯电码一样，得由其他鱼对其意思做出解释[58]。

有的动物跳舞是为了引起爱慕对象的注意和炫耀自己的优点。雄性招潮蟹——一种带有大钳子的小螃蟹（钳子的重量大约是体重的三分之一或二分之一）——会站在洞穴前，用大钳子跳舞吸引雌蟹。他们有时还用大钳子参加“掰手腕”比赛[59]。火烈鸟成群起舞，脖子伸得笔直，迈着小步，鸟喙高高抬起，摇头晃脑。舞毕，火烈鸟会分成几对进行交配[60]。雄性长尾侏儒鸟——一种头部黑红相间的鸟类，成群结队地前来吸引雌性，他们排成一队落在树枝上，然后轮流转圈跳舞——离雌鸟最近的一只跳到旁边的树枝上，再排到队伍最后，循环往复，好像在传送带上一样。雄鸟首领在雌鸟自愿的情况下与之交配；其他雄鸟最有可能在那时提供帮助以获得他的青睐，或是期望有一天自己也能成为首领[61]。

有的动物喜欢用声音打动“梦中情人”。如果雄性熊猫喜欢某只雌性熊猫，会发出类似绵羊的叫声；如果雌性熊猫也有此意，则会发出类似鸟鸣的声音。有时熊猫宝宝也会发出声音：不高兴时发出喔喔的声音，饿了时则发出啧啧的声音。近来动物园进行的一项研究表明，大熊猫如果自由择偶，而不是人们根据基因干涉其选择的话，其生育后代的概率更大[62]。为了更好地了解熊猫，中国研究者致力于开发一款熊猫语言翻译机，希望在更多地了解熊猫的同时，帮助人们更好地保护熊猫[63]。

对许多蜘蛛来说，求爱仪式是一件很微妙的事。雄蛛在展开追求之前，必须用精液填满身体前部的附器须肢。他们先在蜘蛛网上滴一滴精液，然后吸干，接着开始寻找雌蛛。雄蛛的前肢上有化学传感器，用来探测雌蛛织网时分泌的信息素。一旦找到雌蛛，雄蛛就会赶走所有竞争对手，因此雄蛛有时会弄破蜘蛛网，让其他雄蛛无法接近雌蛛。如果其他雄蛛已经虎视眈眈，一场决斗就会拉开帷幕。一旦在决斗中获胜，雄蛛必须让雌性知道自己不是不小心落网的猎物，而是前来求偶的同类，此时园蛛会在蜘蛛网上高歌一曲[64]，而视力略佳的狼蛛和跳蛛则会翩翩起舞。狼蛛通常会带上求偶礼物，一般是缠捆好的猎物（如果他们真的很想交配，但却找不到真正的猎物时，有时也会带上一个躯壳）[65]。雌蛛有时会通过晃动蜘蛛网或逃跑做出回应，表示自己愿意交配，抑或是没有心情。雄蛛有时冒着被雌蛛吃掉的危险，也要尝试交配。

冲突和混合信息

有关大自然的纪录片让人觉得动物世界充满暴力，但其攻击性行为往往只是为了赶走敌人，从而解决冲突。打架有受伤的风险，通常无法获得救助，因此大多数动物都愿意避免发生实质性冲突，大部分攻击性行为不过是为了驱逐对手的虚张声势，而不是真正向对方挑衅。

人类在发生冲突时会大量使用语言，动物也是如此。蜥蜴用身体交流，例如，有些种类的蜥蜴在对手面前做俯卧撑，直到另一方落荒而逃；蝙蝠互相攻击时，一只蝙蝠使用复杂的声音组合，另一只蝙蝠则用更复杂的方式做出回应；豚鼠用牙齿打颤吓退捕食者；恒河猴则能发出 5 种攻击性叫声——像猕猴这样的动物，可以发出不同的攻击性叫声[66]；在家附近，猫会占据某个地方或巡视自己的地盘以免被其他猫占领——人们根本注意不到一只猫赶走了另一只猫，但对猫来说，这是一种非常有意义的互动。

在《人与动物的情感表达》一书中[67]，达尔文提出的对立原则表明，有些表情动作相互对立。狗生气时会让自己看起来雄壮威猛，同时摆出一副威胁的姿态，发出低吼或吠叫的声音；害怕时则身体蜷缩，显出一副恭顺的样子。虽然这些姿态确实存在，但许多动物发出的信息比达尔文的判断更难以捉摸：没有把握获胜的狗不断发起攻击，而占优势地位的狗则摆出一副明显放松的姿态，直到将对方赶跑。狗的身体可以变大，也可以变小，像“玩耍式伏地”一样，不过是想邀请别的狗一起玩耍罢了。狗的姿势不仅可以传达信息，而且姿势的改变还可以表明紧张局势正在加剧还是有所缓解。

有生物学家认为，达尔文的原则也适用于动物发出的声音：像咆哮这样低沉的声音，代表愤怒和主宰；而像哀嚎和尖叫这样高亢的声音，则代表恐惧。斯洛博奇科夫写道，这种情况当然存在，但并不具有普遍性。许多宠物都明白，人们愤怒而低沉的声音意味着控制或惩罚，甜美而高亢的声音则表示鼓励。人类也认为低沉的声音更具主导性。

麋鹿和马鹿身形相似，但发出的声音却大相径庭。麋鹿的叫声频率非常高，尾音就像指甲刮擦黑板时发出的声音[68]；马鹿喜欢咆哮，声音低沉、起伏，会依据对方身形大小调整频率——对手越高大，其声音越低沉[69]。对待入侵者，白鼻浣熊习惯使用低音；对待亲朋，则使用高音表示友好。两种大量的谐波变化表明，不能简单地解释为低音永远意味着侵略，而高音永远意味着友好[70]，那样就显得动物信息太简单、太直截了当了。

交流和语言的不同之处

许多人将交流和语言区别开来，认为动物只能进行交流，而人类则两者均可。斯洛博奇科夫认为[71]，动物行为学家将交流视为一个由三部分组成的封闭系统：发送者、接收者和信号。在该封闭系统中，一切行为均出于本能，动物的反应是预先设定好的。例如，被捕食的动物看到捕食者靠近时会一动不动；捕食者越来越近时，则会夺路而逃。捕食者的距离会引起一种内在反应。然而，语言却是一个开放的系统，它为动物对内在和外在世界的疑惑和反应提供了不同选择。动物可根据当前情况做出相应处理，进而做出有意义的选择。

在所有脊椎动物中，包括早已灭绝的物种如尼安德特人中，都发现了 $FOXP_2$ 基因，也就是通常所说的语言基因[72]。这种基因不仅与语言有关，而且与学习形式有关，但这并不是说无脊椎动物没有类似基因。在进化情况不同的动物身上我们注意到，经过进化后，身体对同一问题会有不同的反应，其中一个例子就是鸟类和人类的大脑。就进化而言，数百万年前，鸟类从哺乳动物中分离出来，但两个物种具有相似的反应能力，虽然鸟的大脑和哺乳动物的大脑不太一样，但它们能够产生同样的智能反应[73]。

从进化的角度看，人类拥有语言，而其他动物却没有，这一点不得不让人感到疑惑，因为语言和基于本能的交流之间存在严格界限。达尔文曾指出，人类和动物之间的区别属于程度问题，而不是种类问题。通过研究动物之间的情感、道德和正义，马克・贝科夫认为，“人类拥有的东西，动物也同样拥有”。换句话说，如果人类能够感受爱、喜悦、悲伤，那么动物也同样可以感受——也许方式不同，但本质相同[74]。

斯洛博奇科夫认为，语言的基础是在特定语境下一种有意义的信号，由一种动物传递给另一种动物。语言可以后天学习，也可以与生俱来，或二者兼而有之，从人类和动物身上都可以看到这一点。人类的面部表情，如微笑，是天生的，但也可以在特定的文化环境中习得。正如我们前面所讨论的，像鸡、山雀、蜜蜂、蜥蜴、狼和草原犬鼠等动物发出的信号并非任意，而是按照一定的规则表达。动物语言也有语法。从进化的角度来看有一定道理：所有动物都尽可能高效地用自己的语言整合、分类和组织信息，做到这一点非常重要。

20 世纪 60 年代，美国当代著名的语言学家查尔斯・霍凯特（Charles Hockett）提出了语言之所以成为语言必须满足 13 条准则。现在在讨论动物语言时，人们仍然提及这些准则[75]。前六项特征适用于大多数交际系统，并非专用于语言。毫无疑问，这些特征也存在于动物语言中。这些特征分别是：接收和发送信息的感觉系统；传播和接收信号的能力；信号消失并发送新信号的能力；理解同一物种信号的能力；听到自己信号的能力；专门用于传输信息的系统。然而，其余特征是否适用于除人类以外的其他动物，还存在争议。特征七、八均与意义相关：特征七关注语义，即词的意义；特征八关注任意性，即词并不是所指事物的反映，而是一个抽象符号。特征九是，符号以离散的单位出现（如单词），或者符号本身以单位（如音节）出现。其余特征则表明，在交际系统中，必将产生新单词；传播必须具有文化性或传统性；交际系统须能传递非此时此地所发生的事件信息。

文化传递性这一特征已在许多物种中得以证实。许多鸟都可以跟其父母学唱歌，动物群体中的方言也给人们提供了启示。适用于草原犬鼠和某些鸟类的语言由单位构成，而这些单位又由其他单位构成。从警告声的讨论中，我们明确地知道声音是有意义的，这种意义到底是任意的还是指代抽象符号，还有待查证，但这种可能性肯定存在。从与灵长类动物和鹦鹉亚历克斯的交流中，我们可以清楚地看到，动物能够根据新事物和新情况创造新单词或短语——草原犬鼠的“椭圆形未知威胁”就是这样创造出来的。虽然还没有证据表明动物特有的语言中会有规律地出现新词组——这还是未知领域，但他们确实有这种能力。动物交际系统有能力关注过去和未来，或讨论别处发生的事情，这一点已在问候和玩耍行为研究中得以证实。有迹象表明，鲸和大象也可以交流此类信息。

为了进一步探讨动物语言是否为语言，斯洛博奇科夫提及当代对“循环性”这一语言重要特征的讨论。一个句子嵌入另一个句子中增加额外意义时，就产生了语言的循环性。例如，在“Eva says that elephants use low-frequency sounds to communicate information（伊娃说，大象用低频声音交流信息）”这句话中，“elephants use low-frequency sounds to communicate information（大象用低频声音交流信息）”出现在一个更长的句子中，语言学家认为这是人类语言最重要的特征。大象的例子表明，这一点也很可能适用于大象语言，并且已经在不同鸟类的语言中得到证实[76]。

斯洛博奇科夫补充说，语言的第二个特征是“有效性”，这一点与语言的精确性有关。如果一个词恰好能够指代某一概念或物体，那么就比用整段话描述还只能说个大概要精确得多。他说，动物在这方面尤为擅长。例如草原犬鼠能发出不到一秒的警报信号以提醒同伴赶紧找地方躲起来，因为有一只鹰正在俯冲捕食，而人类唯一能做的就是大喊“当心！”或“小心头顶！”

当然，以上提及的例子并不能充分证明有的动物语言满足所有语言标准，事实上也远非如此。尽管这项研究还在起步阶段，但却真正表明了动物间的交流方式比人类预想的要复杂得多。不同物种的某些语言特征与人类语言特征相对应，这使人们对人类语言的独特性产生了怀疑，并提出质疑：语言到底是什么？由谁决定某种交流方式是语言还是非语言？也许某些动物语言所具备的特征恰好是人类语言所缺乏的。我并不确定人类是否能够真正理解颜色或化学气味信号交流之间的细微差别。语言这一概念由人类定义，因此总是偏向于人类，所以在思考动物语言时应该将其他特征也考虑在内。

研究上述特征并非毫无意义，反而可以让人们深入了解动物语言结构，并发现与人类语言的相似之处。此外，也能让人们深入了解动物的社会交往和日常生活，帮助人们提出新的研究课题。

第三章

与动物一起生活

经过三年的强化训练，边境牧羊犬追逐者学会了 1022 种玩具的名称，其词汇量超过三岁孩子的词汇量。追逐者不但能按要求拿东西，还会分门别类：把球归为一类，玩偶归为一类。她还知道单词和某些口头指令可以用来指称物品，物品名称可以指代物品和类别[1]。追逐者记忆力不错，而她的训导员兼伙伴约翰·皮利（John Pilley）则需要把名称写在物品上才能记住。追逐者还会进行推理：听到新单词，她能通过排除已知名称的物体找到该单词所指的物体，这一点和尝试让动物讲人类语言的语言水平研究很相似。不同的是，训练中没有让追逐者重复单词，因为训练重点不在于教她人类语言。追逐者所学的词汇都和物品有关，因此这项实验对理解限定的标准与之前不同：理解指的是语境下的理解和对物品的分类，而不是抽象概念的学习。

教了三年单词后，皮利厌烦了，他觉得追逐者可以轻松学会词汇，便开始教她学习语法知识。追逐者能理解语法简单的句子[2]，会按照指令把长颈鹿玩具拿给美洲豹，把美洲豹玩具拿给长颈鹿。前人的研究结果表明，狗能理解结构简单的句子：听到“把球拿过来”或“过来”这样的指令时，宠物能做出相应的反应，大多数非专业人士从这一点也意识到了动物的这一能力。但是追逐者在理解这类句法方面展现出了与生俱来的能力，皮利通过奖励进一步激发了她的这种能力。皮利认为，追逐者的语法天赋在某种程度上与其品种有关：边境牧羊犬的职责是看护羊群，他们一边盯着羊群，一边还要关注人类。尽管边境牧羊犬天资聪颖，善于学习，但皮利认为其他种类的狗也能学会这些，追逐者并不是唯一一只拥有大量词汇的犬类动物。里科（Rico）是一只德国牧羊犬，他学会了 300 多个词汇，还能对物品进行归类[3]。

因为共同的进化过程，人类和狗之间的关系非常特殊。漫长的共同历史和驯化过程使人类和狗息息相关，他们已成为彼此文化的一部分。为了与人类交流，狗开始吠叫，而人类则从狗的吠叫声中挖掘出其传达的意义[4]。即便没有和宠物狗一起生活，但从狗叫的录音中，人们也可以判断狗的心情，还能从叫声强度中了解狗想要什么。从仅展示了部分人脸的照片中，狗也能够判断照片中的人的感受，而狗对声音的解读更是不在话下，这在很大程度上是驯化的结果。狗比其野生近缘物种——狼，更能读懂人类的手势和表情。把食物藏在杯子下面，并在旁边放两个空杯子，实验中的狗就会按照人的指示去做：如果指向藏食物的杯子，狗就会先嗅那个杯子，而狼往往无视人类指令，直接用鼻子嗅。研究人员对实验进行了各种改变，但即使是人类饲养的狼，也缺乏对人类动作和身体指令的敏感性。可见，这种现象与驯化有关，与训练无关。

有人试图用狼的行为来解释犬类行为（这种做法在业余训犬师中很普遍），他们忘记了驯化改变的不仅是狗的身体，还改变了其心理。相互关注不仅是狗和人类通过共同生活学到的东西，数千年的共同历史也对其基因产生了影响。这方面最典型的例子是最近的一项研究表明，彼此关爱的人和狗对视时，双方都会产生催产素，这是一种人类在拥抱或注视爱人时产生的拥抱激素[5]。

生物学家及科学哲学家唐娜·哈拉维（Donna Haraway）指出，狗积极参与驯化这一过程，有助于从社会文化角度和个体层面对驯化效果产生影响。哈拉维以她和自己的宠物狗卡宴·派博（Cayenne Pepper）之间的关系为例来证实这一观点。卡宴·派博是她生活中不可缺少的一分子，她们之间的积极互动加深了彼此的联系。她们一起进行敏捷性训练，这项运动需要狗和人类共同学习各种新技能。哈拉维开玩笑说，这一训练改变了她对周围世界的看法，不是因为她和狗越来越相像，而是因为新的知识和经验丰富了她的世界观。人和狗一起学习新事物时，狗会对周围事物产生影响，进而影响人对世界的看法。哈拉维强调了这种互动的物理和物质特性：和狗一起工作和活动会改变人的身体和大脑，人类不再“呆头呆脑”；人对信息素和催产素做出反应，并通过身体反应发送信号。

在与动物共享世界的过程中，语言发挥着积极作用。维姬·赫恩认为，每教动物一个单词，动物和人类所共有的世界就会愈加开阔一分[6]。她引用维特根斯坦的话写道：我们学习新的语言游戏时，就“学会了解读黑暗”，这并不意味着狗和人类理解概念或词汇的方式完全相同。人类主要用眼睛，而狗用鼻子来辨别方向。狗的视力不如人类——不及人类视力的六分之一；狗不是色盲，但他们看到的颜色的确少了很多，然而他们的嗅觉是人类的 1200 倍。这只是大概估计，尚无确切数据。狗的嗅觉因品种而异，例如，长鼻子狗的嗅觉要胜过哈巴狗或斗牛犬。人类通过视觉确定方位，狗却通过气味构画“地图”，还能分辨出化合物中每一成分的气味。我们闻到的不过是豌豆汤，而狗能闻到胡萝卜、韭菜、豌豆和其他配料的味道。为了便于理解，人类必须牢记这一点：狗和人追踪时以不同的方式感受周围环境。虽然是为同一目标，但人类凭视觉导航，而狗用鼻子追踪，他们的行为通过实践和体验获得了意义。

赫恩写道，语言学习丰富了人类和动物世界，使动物能够以更复杂的方式与人类交流，比如教狗拿东西。赫恩教会了一只名叫萨尔蒂（Salty）的猎犬取哑铃。通过此类语言游戏，萨尔蒂能更充分地表达自己。她还会拿其他东西，或者把哑铃拿给别人，这给了她展示其创造力和开玩笑的机会。有一次，让她拿哑铃，她却把垃圾桶盖拿来了。

赫恩在语言游戏学习中看到了等级的存在，即人类决定学什么以及如何学。但是，不同物种的动物参与语言游戏的确切形式并非事先确定。相反，在对话中，由人或狗的其中一方先开始，另一方做出回应，再由开头的一方继续回应，以此类推。狗并非信息的被动接受者，但其行为会影响这种互动效果，这一过程何时结束并不确定。对于相处多年的人与狗来说，彼此之间的关系会随着相互了解而不断加深。

人和动物都出生在特定的社会环境中。环境塑造了人，人也塑造了环境。使用语言就是塑造环境的方式之一。人不仅可以通过语言了解自己，了解身边的世界，还可以影响他人。德国哲学家海德格尔认为，语言和世界具有“同等源始性”，即同根同源[7]，这意味着世界存在之前没有语言，语言产生之前也没有世界。世界之所以发展是因为人能表达自我，并赋予其意义；世界的存在同样意味着人能表达自己并赋予其意义。海德格尔认为，人类之外的动物不会使用语言是因为他们无法理解世界中自我的存在。海德格尔的上述结论基于当时生物学家的研究，尤其是雅各布·冯·乌克斯科尔（Jakob von Uexküll）的研究，他认为动物都被限定在周围环境中[8]，而这种环境取决于动物的感官和他们所处的情境，因此每种动物各有不同。蜘蛛只能从自身的角度感知和"思考"世界。海德格尔认为，人是唯一能超越这一切的动物，人能越过直接经验思考世界，并用语言表达思想。但上述讨论表明，现实情况要微妙得多：动物可以用自己的语言理解周围环境，而人类是否真正了解自己仍然有待商榷。

海德格尔甚至写道，动物语言中没有表达死亡的概念，所以动物不会死亡，只会消失。这种说法貌似合理：动物不会留遗嘱，也不会用语言向人们说明他们有死亡意识或明白死亡这一抽象概念。但是，如果使用这一逻辑，就会产生此类疑问：人类是否知道死亡？我们知道人死不能复生，躯体也不再存活，但知道这一点并不能解开生死之谜。我们不知道死亡到底是什么，这也是为什么人的身后之事如此具有吸引力的原因。动物用各种与人类不同的方式表达自我，但在某些方面二者也有一定的相似性，比如为社交关系赋予意义、通过交流学会理解自我和世界、参与改造世界。乌鸦、大象和其他动物都有哀悼仪式，他们非常关注去世的同类，许多动物还会看护逝去同伴的尸体。或许我们的认识还不足以评估这种行为的价值和深度，但否认他们对死亡有所理解还为时过早[9]。

驯化

驯化是一种多代关系，在这种关系中，某类生物为了自身利益对另一类生物的繁衍施加影响。至于人类如何以及何时开始驯养动物，说法不一，解释不一。但人们普遍认为，狗的野生祖先或共同祖先狼在 11 000—32 000 年前，为了方便获取食物而被吸引到人类聚居区，当时人类粪便是其主要的食物来源。人类意识到，狗可以替人看门，便开始鼓励他们靠近，这样对人类较为友好的犬类开始慢慢接近人类。通过交配，繁殖出更友好的后代，一代代人和狗的相处越来越和谐。到底是谁想出了这种办法，存在不同意见。有人认为是人驯化了狗，也有人认为是狗自愿接受驯化，是自然选择的结果。甚至有人认为是狗“驯化”了人类。人与狗之间的这种关系还影响了人类语言的发展，因为人总要呼唤自家的狗，但这种解释依然存在争议[10]。

把家养动物和野生动物相比就会发现，经过驯养的动物保留了更多婴儿特征，例如：顽皮、对陌生人友好、渴望探索、大眼睛、耳朵下垂、与身长不成比例的大脑袋以及更强的环境适应能力。这一现象被称为“幼态持续”。通过比较人类和人类祖先、倭黑猩猩和黑猩猩、狗和狼，就会发现这一被称之为“幼态持续”的现象。进化论认为，适者生存。不过达尔文指出，合作、移情和协作对许多物种的生存不可或缺，对物种间的友好相处益处良多。从进化论的角度看，适应环境变化的能力也是一个重要特征。因此，有科学家认为，某些物种，比如狗，在人类驯化他们之前就开始了自我驯化。这一点也适用于人类，人必须学会适应环境才能在不断扩张的社会中发挥作用，在这一过程中人也会逐渐失去一些“野性”特征[11]。

被驯化过的动物，或者自我驯化的动物，都或多或少地依赖人类来获取食物和照料，这就要求人和驯养的动物之间的互动比野生动物之间的互动更为频繁。在共同发展史中，人和动物的关系越来越和谐。不管我们对动物了解多少，人作为一个物种，其文化中与动物的联系已密不可分。人们通常认为，动物是自然的组成部分，而人则是文化的一分子，但动物也有属于自己的文化，在某种程度上也是人类社会的一分子。人类和动物一样，既是文化的主体，又是大自然的一分子。哈拉维（Haraway）用“自然文化”一词来描述自然与文化的相互关系[12]。家养动物的事例向人们表明，动物也属于人类文化，动物的驯养种类多种多样。自然和文化等概念的意义随着时间的推移而发生变化。有人把现在的时代称为“人类世”，因为这是人类主宰的时代。这种说法可能让人觉得好像一切都与文化相关，但事实上，大自然同时也经常显示着人类自然性的一面。举个例子，疾病迫使我们直面自己的肉体存在，自然灾害使我们认识到自己永远是大千世界中微不足道的一分子。

我在这儿，你在哪儿？

英国博物学家莱恩·霍华德认为，20 世纪 50 年代人类对鸟类的研究方式是对现实的扭曲：科学家们在实验室里设计重复实验对鸟类进行研究。基于这种研究的理论基础被称之为行为主义。行为主义借鉴自然科学的方法，侧重预测和控制行为。通过这种方法，人类和非人类的大脑被视为“黑匣子”，其中的奥秘互不相关，无人能解：只有可测量的外部反应才有科学价值。人们应该避免对行为进行描述。霍华德指出，野生鸟本害怕人类，所以实验室环境让鸟非常紧张。处于紧张状态和放松状态下的鸟的反应截然不同，这就会影响研究结果。待在实验室里的鸟不能飞，与外界也没有联系，这也会影响研究结果。

霍华德不是生物学家，而是一名中提琴手和鸟类爱好者，但她决定通过一种截然不同的方法研究鸟类。她在伦敦南部的迪切宁（Ditchling）附近买了一块地，建了一栋房子作为鸟舍。她想竭尽全力给那里的鸟儿提供安全感，这样她的研究就可以建立在信任的基础之上。鸟舍向所有的鸟儿开放，鸟儿可以通过窗户自由自在地飞进飞出。鸟儿天生好奇，附近的同伴很快都来一窥究竟。霍华德腾出地方让鸟儿筑巢，给他们喂食。鸟儿很快意识到可以在屋子里自由地飞来飞去，不久就开始时不时地在屋里栖息。

霍华德写了两本关于鸟舍生活的书[13]，主要描述了不同鸟儿的特点和生活习性。她谈及了各种各样的鸟儿，对温顺的大山雀尤其感兴趣。她最初想研究鸟儿的鸣叫声，但很快发现鸟儿的个性和关系也值得研究。她强调鸟类的个体智慧，公开反对当时普遍认为的“鸟类行为出于本能”的观点。霍华德描述了在她看来极为复杂的鸟类交流，以及她和鸟类交流的细节。和鸟儿说话时，鸟儿会对她声音中的细微变化做出反应，似乎完全明白她的意思。其中一个例子就是有关黄油的交流，鸟儿喜欢黄油，经常围在盘子旁乞食，还仔细盯着她看。如果她看起来很友好，鸟儿就会靠近一点；如果得到鼓励，就会吃点黄油；如果她严厉地说“不”，就后退一步；如果再严厉点，就会后退几步；如果生气地说一句“不”，可能会让他们直接飞出窗外；如果再叫他们回来，他们则会再次靠近，但相较之前更加小心翼翼，因为霍华德之前生气了。新来的鸟儿很快也明白了她的意思。

康拉德·洛伦兹也有与鸟类和其他动物一起生活的经历[14]，他认为这是研究鸟类唯一有效的方法。大部分鸟儿都是他自己饲养的，所以很温顺，把他视为家人。霍华德的研究表明，驯养鸟儿并不需要从小就养，洛伦兹却认为很有必要。他终生致力于鹅的研究。鹅与鹅之间的交流方式多种多样，如声音、动作、姿态、仪式、气味等。人与鹅之间也有不同的关系和体验。家养的鹅和人很亲近，有人叫他们的时候就会直接飞过来。这种情感使得洛伦兹认为鹅是继狗之后人类最好的伙伴。与那些非人类饲养的鹅建立友谊也不是不可能，但他们会与人类保持距离。鹅在不同情况下对待人类的态度也不同。在环境发挥作用的情况下，他们还能识别与其他动物（如狗）和物体（如汽车）之间的互动。他们明白被人牵着的狗并不可怕，但要当心撒欢儿跑的狗；熟悉的狗没有危险，但要当心陌生的狗。他们还知道人类何时模仿他们的叫声，比如有时模仿是危险的警告。同时，人类也能理解鹅的身体语言[15]。

和霍华德一样，洛伦兹也实践了现在所谓的叙述行为学，记录了不同的鹅的成长故事以及他们彼此之间的关系。在叙事行为学中，个体的故事往往可以揭示更多内容。洛伦兹进行了更为标准的生物学和行为学研究。但是，他与霍华德的研究截然不同。作为研究者，洛伦兹虽然也受到鹅的行为的影响，但他仍然是游戏规则的制定者。他抓了几只小鹅，他们和哪一群同伴一起生活，什么时候去哪，都由他来决定；而霍华德为了专注于鸟类研究，果断放弃了和人类一起生活，让鸟儿自己制定规则。这两种情况下人和动物的关系都很亲密。霍华德的研究表明，圈养和驯养并不是达到这一目的的必需手段，在信任和自由的基础上研究动物才是可行之策。

独处还是群居?

猫和人感知世界的方式不同。猫的嗅觉和听觉比人好得多，视力白天比人差，晚上却比人好。他们的视力主要用来观察运动的物体，因为猫原本就是猎手。气味在猫感知周围环境的过程中起着重要作用。通过尿液和粪便，猫可以知道谁在附近，并标明属于自己的领地——猫通过在物体或其他动物身上摩擦头部留下自己的气味。猫的嘴后边有一个嗅觉器官，一旦闻到感兴趣的气味，就会产生裂唇嗅反应：卷起嘴唇，吸入气味。猫经常翘起尾巴互相问候，有时也以同样的方式问候人类。猫已有了和人类交流的特定方式，其中最重要的就是喵喵叫。小猫会发出声音呼唤妈妈，但成年猫之间不会喵喵叫，只向人类发出喵喵的叫声，这是猫通过与人互动而学会的一项技能。因此，猫是双语动物[16]。

人们通常认为猫只做自己的事。狗听人话，可以听懂各种指令，而猫宁可整天睡大觉。狗喜欢群居，而猫喜欢独处。当然，猫狗之间存在各种差异，这些差异也影响了他们与人类之间的关系，但是认为猫对人或周围环境不感兴趣的看法是错误的。对家猫和群居在收容所的猫的研究表明，猫的确把自己看作是群体的一部分。猫科研究人员珍妮特（Janet）和史蒂文·阿尔杰（Steven Alger）认为，通过研究人与猫之间的互动，可以更好地理解猫科动物之间的交流方式[17]。他们认为，最好的方法是展开人种志研究，即给猫建一个有栖息地的群落，而不是在实验室里进行研究。

阿尔杰夫妇研究了收容所里一群猫的社会结构和文化特性，重点研究了猫与猫之间、猫与人之间的典型互动，猫从他者视角看待事物的能力，以及猫科动物的行为规范和价值是如何建立起来的[18]。收容所的猫都被阉割过，食物又很充足，所以由于食物和求偶而引起的争斗非常少见。收容所的工作人员将自己视为猫族的一分子，很少扮演主导者角色。喂食时他们会考虑到猫的喜好和社会关系。在空间分配（谁睡在哪）和收养方面，会顾及猫与猫之间的关系，关系好的猫安排在一起。有的猫喜欢和某只猫住在一起，有的猫则喜欢七八只挤在一个篮子里，互相洗脸，一起吃饭。也有的猫喜欢跟收容所里所有的人和动物打成一片——但也只有同类的猫能接纳他们。一般来说，就算有地方单独睡觉，猫也更喜欢挤在一起。收容所的这种情况并非自然状态，然而大多数猫通过共享的家园、城市环境以及动物收容所，形成了人类社区和猫类社区。

长期以来，动物行为的研究重点是领地的侵略和防御，但阿尔杰有关猫之间的友谊和交流的研究表明，爱与合作在猫身上也时有体现。关于动物的攻击性说法不一，例如，攻击行为可能比静坐同伴身旁更容易被识别和评估。女权主义科学哲学家们也指出，研究中强调统治和等级多见于男性研究人员中，而长期以来，研究人员多为男性，这也影响了人们对某些物种的印象。比如，人们一直认为黑猩猩具有很强的攻击性，但像同理心这类特征却无人问津。

阿尔杰夫妇还研究了普通家庭中猫与人之间典型的互动行为：猫和人如何通过诠释这一过程创造了符号世界？在这

一过程中，个体间的互动创造了意义、促进了理解。互动行为发生在不同层面。猫能解决问题，比如可以想办法打开门窗，也知道在必要时如何获得人类帮助。阿尔杰夫妇举了个例子：有只猫的颈圈卡在嘴里了，他知道找人帮忙[19]。猫能做出明智的选择，比如天气恶劣时要不要外出、要不要等待更美味的食物出现等。有时他们会等到更美味的食物出现后才大快朵颐，记忆力在其中起了重要作用。之前的经历会影响选择。猫的性情和学习能力各不相同。猫和人相互影响，因此有共同的生活习惯，比如，猫会要求和人玩耍。这种典型的互动方式不仅限于猫和人之间，猫狗之间也存在这种互动。

人猫共栖会影响个体的关系和生活。猫和人养成了共同的生活习惯，如一起去卫生间，一起遛狗，一起睡觉。与人一起生活还会影响猫与人类的相处方式：猫被人收养后，和其他的猫放在一起养。研究表明，为了彼此适应，周围的猫会协调其领地和外出时间。猫通常会待在自己的地盘，但如果共享一处领地，就会在不同的时间段外出。有共同家园的猫通常相互包容，共同探索。城里的猫通常根据人的生活节奏安排自己的活动；以捕食为生的农场里的猫到了晚上才出来活动，因为这是捕食的最佳时机——猫和老鼠都非常活跃；而家猫在晚上通常和主人一起睡觉。与人一起生活还会对周围的猎物产生影响。靠猎物为生的猫通常会立即杀死猎物；而家猫如果不饿的话会和猎物玩很长时间——有的猫根本不会捕猎。研究人员认为，如果驯化时间足够长的话，猫可能会完全丧失捕猎习性[20]。

共享空间

朱莉·安·史密斯（Julie Ann Smith）养了只兔子一起生活[21]。在照顾好兔子的同时，她作为动物福利组织的代言人，想给他们尽可能多的自由。一方面，作为人，她决定了兔子的活动空间；另一方面，她又想尊重兔子作为独立个体的意愿。二者有点自相矛盾。她试着在有限的空间内为兔子提供尽可能多的自由，她期望找到新的共存方式。有一种方式非常直接：充分利用空间，让兔子在屋子里自由活动。为安全起见，史密斯把插头、插座之类的东西全部挡住。她提到，白天兔子把房间弄得乱七八糟，晚上她将屋子收拾整齐，但第二天又被兔子恢复原状。这种状况不断上演，直到有一天她发现一条规律：兔子喜欢地道和藏身之地，所以就按这种喜好“布置”房间。意识到这一点后，她明白了兔子的诉求，明白了如何与兔子交流。她用这个例子也表明了与动物共处时实验的重要性。在这个案例中，关在房间里的动物可能比外边的动物生活得要好，但即使边界分明，行动受限，也要为兔子的行动和选择留有余地。

在很多区域，猫可以自由出入房间，想什么时候回来就什么时候回来。野猫有时候会找一处新家或在别人家中进食。然而，特别是在西方国家，狗始终戴着链子圈养在家中。作家伊丽莎白·马歇尔·托马斯（Elizabeth Marshall Thomas）描述了如何在自己家里给生活在城市里的狗赋予更多的自由。她养了一条名叫米沙（Misha）的哈士奇。米沙每天晚上都要跳过篱笆出去散步，有时还会带上“女朋友”——她女儿的狗玛丽亚（Maria）。马歇尔·托马斯跟了米沙几次，想看看他去了哪儿，结果发现他的目的地非常明确，还能设法解决一些突发状况。比如，穿越交通繁忙的马路时，他用耳朵倾听而不是四处张望。玛丽亚不像米沙那样熟悉路况，但她迷路时会找人求助，期望有人带她回家，事实也正是如此[22]。

马歇尔·托马斯养了八只狗和家人一起生活。这些狗相互照顾，比如，她不需要训练小狗上厕所，因为他们可以向大狗学习。有一阵她搬到了一幢带大花园的房子里，她用篱笆把花园围起来，这样狗就可以随时到花园里溜达而不会跑出去。狗与狗之间的关系越来越亲密，他们待在屋子里的时间也越来越少。马歇尔·托马斯有时会和狗狗们坐在外面一起交流。一天，她发现他们像狼一样在地上挖了一个洞（其中一只是澳洲野犬），在里边待了很久。最后她得出结论：如果可以选择的话，狗比人更需要同伴。

泰德·凯拉索特（Ted Kerasote）也想方设法给他的宠物狗梅尔（Merle）更多自由[23]。他住在美国怀俄明州的一个小村庄里，那里大多数的狗都自由自在。在允许梅尔自由游荡前，他先教给梅尔几件事：不要捕猎牲畜，农民会开枪；不要猎取大型动物，会有危险；要小心周围车辆。学会这些之后，凯拉索特在后门开了一个小门，梅尔可以随意进出。白天梅尔经常和或狗或人的朋友在一起。他喜欢和凯拉索特在固定时间散步、准时回家吃饭、每晚回家睡觉，有时还会带“女朋友”回家。尽管这种生活方式存在风险（对一只行动受限的狗来说，不存在这种风险)，但凯拉索特相信梅尔的生活因此而更加丰富多彩。凯拉索特写道，随着越来越独立，梅尔也变得越来越聪明，更善于应对挑战、独立思考和与不同物种的个体交流。

为了便于交流，家养动物必须学习自己的语言、学习生活在同一家庭或村子的人类和其他动物的语言。马歇尔·托马斯的例子表明，狗可以在人类主宰的社会中找到自己特有的生活方式。某种情况下，他们可能更喜欢和同类一起生活。此外，通过人的鼓励，狗可以变得更加独立，人和狗之间由此找到新的相处方式。在这一过程中，狗本身也发挥了至关重要的作用，并展现出了不同的性情。通过新的共同生活形式，新的交流方式应运而生。共享语言游戏提供了一种思考共同生活和形成社区的新方式，或支持有关这些主题的新观点。这些案例表明，身为何种物种并不能决定交流的质量或关系的亲密程度。有人与动物建立亲密关系比与同类建立亲密关系更容易，而也有人更喜欢与同类交往。这一点同样适用于动物。人以不同方式相互联系，但也有人与他人没什么共同点，却与动物有更多的共同点。比起与人或任何一个邻居相处来说，人和自己养的狗有更多的共同点这一观点似乎更容易理解：喜好相同、彼此理解、相互熟知、对某事的反应相同。一切交流皆有可能，共享语言的可能性并非由皮毛或尾巴决定。

合作和抵抗

宠物并不是唯一可以被驯化的动物。人与牛、羊、马、鸡、猪等动物的关系可以追溯到几千年前。随着农业产业化的发展，这些关系发生了变化。这些动物曾经是农家生活的一部分，也是农村和城乡景观的一部分，现在却逐渐从人们的视线中消失。

历史上有一些关于大规模发展畜牧业的案例。埃及人饲养动物、捕捉野生动物作为木乃伊的祭品[24]。罗马人挑选下蛋多的鸡进行大规模养殖[25]，但这与如今的工业化养殖完全不同——如今为了让动物多产而大量使用新技术，为了人类的食物而饲养和宰杀的动物数量更是数不胜数。

畜牧业的规模化和产业化对动物与人类的关系以及物种间的交流产生了深远影响。在大多数农场，农畜不再是家庭中的一员——对养有一百万只鸡的家庭来说更不可能，人与动物的关系仅限于确保动物生长良好，并尽可能地创造利润。

养殖动物之间的交流也被打乱了，因为空间密集，生活单调，所以鸡群互啄致死或猪崽咬伤同伴尾巴的事早已司空见惯。这两类物种都是群居动物，拥有较强的语言能力。

猪主要通过气味识别同伴，拥有人类还未充分了解的复杂发声系统。猪的社交纽带和大象很相似：他们的前额支层，即大脑中参与规划复杂认知行为、个性表达、决策和调节社会行为的部分被扩大，就像人类和其他狩猎和觅食的灵长类动物一样；他们用鼻子在泥土里拱来拱去探查周围环境，高兴时还不停地摇尾巴。他们悉心照料孩子，有同理心，贪玩，记忆力也不错[26]。

除了大声呼叫报警外，鸡还会利用视觉、触觉和嗅觉交流现在、过去和未来[27]。鸡擅长数数（小鸡比婴儿更擅长算算术[28]）、有同理心和嫉妒心，每只鸡的个性也大不相同[29]。小鸡还在蛋壳里时，鸡妈妈就会和他们交流，并根据学习能力调整交流内容[30]。

绵羊以温顺而著称，但实际上，他们生活在复杂的社交网络中，有着良好的记忆力和创造力，通过各种声音、肢体语言和信息素进行交流[31]。

食草动物之间的交流非常微妙。例如，牛[32]和马[33]通过频繁的目光接触和耳朵运动进行交流。研究者目前正在解码这两种交流方式，但并不是所有的互动都如此微妙。过去经常有牛或猪在去屠宰场的路上逃脱、新闻中偶尔也有农民及其家人被动物踩踏或者袭击的报道。历史学家杰森·赫里巴尔（Jason Hribal）对家养[34]和野生[35]动物的抵抗行为进行了广泛研究。赫里巴尔指出，尽管经济活动是人类创造的，但实际上动物在其中也发挥了重要作用。他甚至建议，我们应该把动物视为"工人阶级"的一分子[36]。然而，作为工人，他们不够可靠：让他们保持一致可不是件容易的事。赫里巴尔认为，在一定程度上，因为动物的抵抗行为使他们被机器所替代，从而推动了工业革命的爆发。动物逃离屠宰场或抵抗人类控制也会影响公众舆论，有时还会影响立法。赫里巴尔以美国骆驼军团为例，这是 19 世纪中叶美国军队把骆驼当作士兵使用的一项实验。骆驼用尖叫、吐沫和咬人等各种方式抵抗，那些本该和骆驼友好共处的士兵开始厌恶、害怕他们。

合作难以为继，实验就此停止。军方声称那仅仅是个实验，但正是因为骆驼拒绝合作才将其变成了实验。

在现代农场动物和农民之间的交流中，最核心的问题依然是处理和控制抵抗。参观猪舍的时候，人们被告知不要背对猪群。畜棚、挤奶机和运输工具的设计尽可能使动物的反抗空间最小化。澳大利亚哲学家迪尼斯·瓦迪威尔（Dinesh Wadiwel）说，抵抗是观察动物的绝佳视角，因为从中反映出动物的创造性和意志力[37]。即使我们只研究人类面对抵抗时的反应，也可以看到这一点。如他所说，人类设计鱼竿和鱼钩捕鱼，从中就可以看到鱼的抵抗行为。

抵抗是一种交流方式，这种交流方式在人类和动物身上的呈现各不相同。在《动物星球的恐惧》一书中，赫里巴尔描述了马戏团、海豚馆和动物园里野生动物的抵抗行为。他列举了大量动物逃跑、伤害或杀害饲养者、蓄意破坏和毁坏物品的事例，表明抵抗行为并不罕见，也非个例。这些行为常常被说成是抵抗行为，因为期望从中获利的机构经营者并不希望动物看上去闷闷不乐、郁郁寡欢。动物抵抗最著名的例子可能就是虎鲸蒂利库姆（Tilikum）了，2013 年被拍成纪录片《黑鲸》。生活在奥兰多海洋世界的蒂利库姆杀死了三个人：两名驯兽师和一名闯入其领地的男子。有充分证据表明，他是有意为之。尽管没有野生虎鲸杀人的先例，但却有被囚禁的虎鲸伤人或杀人的先例。几乎所有被囚禁的虎鲸都有生理和心理问题。例如，90%的雄性虎鲸因为压力过大而导致背鳍塌陷，这种情况在野生虎鲸中就不会发生。因此蒂利库姆很可能患有抑郁症[38]。

抵抗行为也可能在小范围内发生。人类动物学家莱斯利·欧文（Leslie Irvine）说，人和动物之间的游戏可能就是某种形式的抵抗[39]，因为从日常活动中就可以揭示出权力结构。在人类社会，认真对待动物的主体性被认为是一种奇怪的想法，但事实上，比如在游戏中，这样做就是一种抵抗行为。要想在游戏中获胜，就必须认真考虑对方的个性。欧文指出，创造力在游戏中至关重要，每一个个体都通过游戏展示其个性。动物在游戏时有自己的偏好，游戏在不断发展中得以继续。游戏使人有机会更好地了解宠物，反之亦然。与动物嬉戏使成年人有机会做一些有趣的事。重视动物，不把物种界限视为有意义的互动的障碍。一起嬉戏的人和动物可以为很多持怀疑态度的人树立典范，让他们从不同的角度看待动物。早在 1580 年，法国哲学家蒙田就写道，与猫嬉戏时，他不知道自己在陪猫玩还是猫在陪他玩[40]。很明显，他们两个都在玩，这是游戏进行下去的前提。

第四章

用身体思考

第四章　用身体思考

汉斯（Hans）于 19 世纪末出生于德国，四岁就会乘除和开根运算。除了数学方面的天赋，他还会拼写单词、阅读、表达时间和日期，区分音调和音程，识别颜色等。

汉斯并非人类，而是一匹马，他通过用右前蹄轻击地面的方式回答人类提问。1891 年，他的主人威廉·冯·奥斯汀（Wilhelm von Osten）开始和他同台演出。很快这匹“神马”就引起了媒体的关注，人们争先恐后地看他表演。有人坚信汉斯是个天才，也有人对此持怀疑态度。为了调查是否存在欺骗行为，政府还专门成立了一个由哲学家、心理学家卡尔·斯坦普夫（Carl Stumpf）领导的委员会。委员会由 13 位从事马科动物智力领域研究的专家组成，包括一名兽医兼动物园园长、一名马术师和几名教师。1904 年 9 月，他们得出结论：此事完全属实，不存在任何欺骗行为。但是他们依然无法理解汉斯的智力为何如此不同寻常，因此斯坦普夫让他的助理奥斯卡·普丰斯特（Oskar Pfungst）继续调查此事。

首先，普丰斯特在观众和冯·奥斯汀都不在场的情况下对汉斯的智力进行了系统、全面的研究。研究发现，汉斯回答问题的情况和以前并无二致，这就排除了冯·奥斯汀故意欺瞒观众的嫌疑；之后，普丰斯特又在汉斯既看不见提问者，提问者也不知道答案的情况下，调查其能否给出正确答案。事实证明，他不能。普丰斯特怀疑，汉斯会根据研究者肢体语言的细微变化做出反应。他又站在汉斯的位置观察发现，在汉斯最后一次用蹄子轻击地面的时候，提问者都会有一个下意识的轻微的头部动作。他由此得出结论：汉斯并非奇马。该项研究开启了人们对双盲行为研究的探索，即研究人员不知道谁属于测试组，谁属于对照组；研究者一般也不知道想要的结果是什么，这样就可以避免无意中影响测试对象。正如普丰斯特证实的那样，对人类和其他动物的研究都存在发生这种情况的风险。即便如此，汉斯偶尔还是会和冯·奥斯汀同台演出，观众依然慕名而来。

比利时心理学家、科学哲学家芬奇内·德斯普雷特（Vincinae Despret）对动物与动物研究者之间的关系做了大量的研究。他指出，虽然与人们最初的想象不一样[1]，但汉斯的确很聪明，他能读懂人类肢体语言中的细微变化。马科动物本就擅长与人类沟通，通常主要是通过类似骑马这样的触摸，而不是通过眼神交流达到沟通目的——但是汉斯却能理解视觉信号。不仅如此，他还在无形中影响了研究者的行为：与汉斯相处的时间越久，研究者的肢体语言就会变得越发明显，连研究者自己都没有意识到这一点。通过有意或无意的肢体语言，人和马学会了相互理解，彼此交流变得越来越默契。

汉斯的例子引发了人们对各种问题的思考，比如思维、智力、动物研究、经验的作用以及其他相关因素。人们通常认为，动物之所以难以了解，是因为他们和人类截然不同。然而，这种观点是站不住脚的，因为这既关系到动物的能力，也关系到我们如何认识人类和非人类。

心理学和动物

亚里士多德和柏拉图等古希腊哲学家试图探究何为知识以及如何获取知识。直到20世纪实验心理学得以发展之时，对元认知的讨论才开始出现在哲学领域。20世纪前半叶，对元认知和动物的研究都深受行为主义影响。行为主义最具代表性的人物是美国心理学家伯尔赫斯·弗雷德里克·斯金纳（B. F. Skinner）[2]。行为主义认为，心理学是对行为的科学研究，甚至像思想和感觉这样的内在心理活动，也可以视为行为。行为主义旨在预测和控制行为，而不是对某种行为做出描述和解释；其研究重点是行为和环境的关系，而不是追本溯源或者探索潜在的社会结构，除非这些行为和关系不言自明。

语言学家、哲学家诺姆·乔姆斯基（Noam Chomsky）是行为主义的主要批评者之一[3]，他认为行为主义不能解释某些现象。例如，学习语言的儿童能够理解和说出的句子远远多于一个假设所有语言能力的获得都来自于直接学习的模型所能解释的句子。乔姆斯基的观点之一是，人类具有与生俱来的语言能力，这一点可以解释为什么世界上不同的语言之间存在结构相似性，这就是普遍语法假设：人类天生具有语言能力，只不过需要后天语言环境的刺激。乔姆斯基还提出：语言能力是人类特有的，其他任何物种都不具备这种能力。第一章中提到的尼姆·齐姆斯基的实验可以用来证明这种差异。乔姆斯基的理论（又称生成语言学或生成语法）重逻辑轻实证，即只能通过人的聪明才智来研究语言才能发现这种能力的存在，而无法通过实证研究证明其存在。

乔姆斯基的研究推动了哲学分支——认知心理学的发展。行为主义把人类的内心世界或人脑视为一个“黑匣子”：只有在“黑匣子”里发生的事件的结果，才能被测量，才与科学有关。然而，认知心理学关注的却是“黑匣子”里的内容，也就是人的内心世界。在这些概念的发展过程中，计算机充当了比较的对象：科学家探究了人脑中的信息系统和信息加工过程，这对研究大脑在信息获取方面起着重要作用。在神经科学领域，人们频繁通过动物实验来研究认知的物质层面——相信我们都见过猴子脑袋上插满电极或者颅骨大开的画面——因为用人脑做实验是不道德的行为，所以动物大脑被用来了解人类大脑的运行机制。如今，认知还可以在认知科学中进行研究，这种现象越来越普遍。认知科学以心理学、哲学、语言学、神经科学和信息科学等多学科交叉为基础，重在探索人类和动物的智力和心理过程。

对动物的行为主义研究还在继续，乔姆斯基提出的“语言是人类特有的”这一观点仍然不乏支持者。在动物研究中，动物依然被看作是与人类截然不同的物种，许多实验都据此设计。人们把动物关在实验室里，研究者只记录测量数据，而不会与动物建立亲密关系，因为在他们看来，亲密关系会影响研究结果。然而，近年来，越来越多的人把动物视为研究对象，这对可以如何研究动物、应该如何研究动物产生了深远影响。

狒狒

芭芭拉·斯穆茨在肯尼亚和坦桑尼亚研究狒狒长达25年[4]。她最熟悉的一群狒狒是桑布鲁崖群，有135只，在70平方千米的范围内活动。两年来，斯穆茨和他们朝夕相处，就差没有睡在一起了。最初几个月，她连人的影子都没有见过，后来和其他研究者一起在营地里露营，但与他们的接触也非常有限。刚开始，斯穆茨试图近距离观察狒狒以了解其行为习惯。她慢慢地靠近，看到他们远离时就停下，等他们放松后再慢慢地靠近。但这种方法收效甚微。后来斯穆茨才发现，每当她靠近时，狒狒就会给其他成员发出信号——母亲呼唤孩子，其他狒狒之间互相打手势。于是，一旦发现他们紧张不安地跑开，她就停止靠近。认识到了这一点之后，她距离狒狒越来越近了。

狒狒渐渐习惯了她的存在。研究者把这种情况称之为“习惯化”，意思就是原本不习惯人类存在的狒狒或其他动物慢慢适应了观察者的存在。但对斯穆茨来说，情况恰恰相反：为了融入狒狒的生活，她必须调整自己，而狒狒则一如既往地生活。斯穆茨读博期间导师告诉她，在动物研究中，研究者要尽可能隐身，但斯穆茨却从狒狒身上体会到了不同的东西。狒狒是群居动物，在他们的语言体系中，无视别人的存在意味着挑衅，在相遇时只有敌人才会对对方视而不见。因此，狒狒靠近斯穆茨时，她马上意识到应该跟狒狒进行短暂的眼神交流，或者发出低吼做出回应，而不是视而不见。如果斯穆茨遵循狒狒的礼仪，他们就该干啥干啥；如果无视狒狒的存在，就相当于发出了一个狒狒无法理解的信号，气氛会顿时变得紧张起来。如果她表现出看到了狒狒却并无恶意，狒狒就会认为这是表示尊重的信号。和狒狒的相互交流让斯穆茨了解到了狒狒在问候、交流以及私人空间等方面的许多信息，而之前她对此一无所知。

狒狒知道斯穆茨性情温和，对他们并无恶意，而斯穆茨也学着像狒狒一样行走。虽然感觉自己很容易受到攻击，但她很自信，因为她能读懂狒狒的行为，知道狒狒什么时候会生气。狒狒能够接受她，也许出于同样的原因。在与狒狒朝夕相处的日子里，她慢慢学会了像狒狒那样感知周围环境，比如对天气变化做出反应。雨季时节，从远处就可以看到热带草原上逼近的暴风雨。暴风雨即将来临时，狒狒躁动不安，但还会继续进食——他们很清楚什么时候必须找地方躲避风雨，所以就尽可能地多吃东西。几个月来，斯穆茨总想赶在狒狒之前找到庇护所。然而，和狒狒一样，在某一时刻她也能清楚地感觉到时机到了，这种感觉无法言说，但她就是知道。

与狒狒的共同生活让斯穆茨对他们有了更为深入的了解。如果狒狒找到足够全体享用的蘑菇大餐，在大饱口福之前，他们就会发出欢快的喊叫。对狒狒来说，蘑菇可是他们相互争夺的不可多得的美食。斯穆茨曾经两次目睹了狒狒的一种仪式：返回栖息地之前，他们围坐在小池塘旁边，静静地凝望着水面。斯穆茨在文献中并没有找到任何类似的例子，因此认为这是一种神秘的仪式。她一直在想，自己是不是目睹了动物不想让人类看到的事情。斯穆茨学会了如何真正成为狒狒群体中的一员。人类不喜欢与别人的行为趋于一致，也不习惯调整自身行为迎合自然，这和狒狒在暴风雨前的表现一致。也是在融入狒狒群体之后，斯穆茨才真正体会到了成为比自己庞大很多的群体中的一员是什么样的感受。她开始从不同的角度审视自己的身体和思维：她是灵长类动物中的一员。

在第二章中讨论过狒狒之间打招呼的方式，斯穆茨对此也进行了认真的科学研究，她利用录像捕捉狒狒哪怕一点点的行为变化，与狒狒亲密相处的经历也对这一研究产生了深刻影响。她对狒狒群体的了解之深入，其他研究者无法企及。人类学家马泰·坎迪亚（Matei Candea）对猫鼬的研究者进行过一番调查，发现与所研究动物的亲密互动会给研究者一种在科学经典中无法洞察的启示[5]。和斯穆茨的观点一样，他认为，如同研究者训练动物一样，动物也在训练研究者。因此，与其避免与动物接触（这一点通常不可能），不如在研究数据中增加一些与研究者互动的活动，这是人类进一步了解动物的有效方式。德斯普雷特也认同这一观点，在聪明的汉斯的案例中，也有类似做法。和斯穆茨与狒狒的例子一样，研究者慢慢了解动物和形成共同语言的过程使他们看待动物的视角更加丰富，对动物的生活也更加了解，这会对动物研究产生影响：如果把动物视为拥有独立世界观的主体，研究者就可以通过不同的方式向他们提出不同的问题[6]。

20 世纪 60 年代，简·古德尔（Jane Goodall）在尼日利亚的贡贝（Gombe）对黑猩猩进行了研究[7]。她给黑猩猩起了名字，用“他”或“她”，而不是“它”进行称呼。很多科学家难以接受把黑猩猩拟人化的做法。古德尔的研究非常重要，因为她首次证明了黑猩猩可以使用工具，而当时人们认为人和动物的根本区别就在于是否会制造和利用工具。这一发现向古德尔的批评者表明，她的方法或许有点不合常规，但她确实做出了重大贡献。

虽然有科学家仍然对将动物拟人化持谨慎态度，但近年来将动物视为主体已是大势所趋。认为动物不具备任何思想和情感的想法并非中立立场，而是一种“人类例外论”。许多之前认为只有人类才拥有的特征也存在于其他动物身上。比如在洛伦兹写的关于爱情的论述中，就常用人类思维描述身边动物的行为和情感，这招致了很多批评。他描写了动物之间浪漫的爱情故事，有人因此指责他“将动物拟人化”，然而这一点在后来很多研究中都得到了证实[8]。

动物语言研究中，沟通往往是研究得以成功的先决条件，从艾伦·佩珀伯格对鹦鹉亚历克斯的研究中就可见一斑。要想研究亚历克斯，必须找到一种双方能相互交流的方式。对亚历克斯来说，使用词语效果颇佳。斯穆茨与狒狒的主要交流方式是眼神、手势和肢体语言。与在实验室进行的双盲研究相比，这种研究或许不够科学，但也是基于某些假设。有时这些假设就是基于对动物的偏见。

现象学

芭芭拉·斯穆茨的研究不仅告诉我们研究动物的最佳途

径，还使人们认识到，经验在了解他者方面起着核心作用。思维通常被视为是发生在心灵内部的活动，但这意味着将身体和心灵、思维和外部世界分离开来。现象学，一场发端于20世纪、以现象的经验为核心的哲学运动对这一观点提出了质疑。不同于经验主义（假设所有知识都来自经验）和理性主义（主张理性是获取知识的唯一来源），现象学关注的是感知的本质。现象学家认为，经验就是始终关注某物——这种关注并非随机，而是始终关注——这种关注被称为意向性。由于现象学关注经验，所以思维总是必然地与外部世界、感知和经验相联系。

法国现象主义哲学家莫里斯·梅洛－庞蒂（Maurice Merleau-Ponty）认为，思想需要被具体化[9]。他指出，身体和世界上其他物体不一样，身体与桌子没有可比性。身体不是被人拥有，人本身就是身体。右手摸左手时，右手既是触摸的对象，又是施动者主体，本身也在感觉。人能感觉到自己是一个感觉主体，这一事实使人成为肉体自我。身体使经验成为可能，而感知（获取知识的方式）首先是一种身体活动，而不是认知活动。人的身体中储存着对过去的记忆。已经储存在身体里的先前经验，使人以一种特定的方式感知世界。习惯主要是一种肉体行为，养成一种习惯就意味着在身体记忆库里增加一些行为，从而丰富日常生活。

梅洛－庞蒂认为，语言也需要具体化。人们通常先在大脑中形成思想，而后表达出来。或许在访谈或写作时的确如此，但通常情况下，人说话时并不是在表达之前形成的思想。语言是一种物质活动：表达促使人们思考。语言充实了人们的思想，并内化为自己的思想。语言是身体工具包的一部分，梅洛－庞蒂称之为"歌唱世界的方式"。身体让人们了解彼此，而语言和言语将主体彼此相连，也将主体和世界紧密相连。

另一位现象学家，德国哲学家海德格尔研究了他所认为的哲学核心问题：究竟什么是存在[10]？他描述了人们置身于这个世界所具有的诸多特征，这些特征对于思考动物特性和如何与动物相处非常重要。首先是人所处的情境。人从出生起，或者如海德格尔所说，从被"抛入世界"的那一刻起，就置身于某种情境。人被情境塑造，同时也在塑造情境。人不能从自己以外的视角看问题：首先，想法和思想并非存在于真空之中，而是被经验所影响；其次，就存在层面而言，人总是与他人共存。海德格尔并不认为人不孤独——事实上，人是孤独的——而是认为人所存在的结构是“与他人共存”。读读他有关语言的论述，这一点就变得愈发清晰。海德格尔看到了语言和他所谓的“世界”之间的密切联系——不是行星地球，而是人的“生活世界”。人用语言表达自我，从而形成生活世界，同时又通过语言理解生活世界。在某种程度上，他把语言比作“存在之所”。通过语言，人可以了解自己；没有语言，人将陷入直接经验之中。

梅洛－庞蒂和海德格尔都认为人类不同于其他动物。在海德格尔看来，人和动物之间的根本区别在于人可以理解其本质为存在，而动物不能。梅洛－庞蒂却认为，人和动物之间的相似之处在于都是以身体的形式存在，只不过人和动物获得的经验类型不同而已。虽然海德格尔和梅洛－庞蒂没有把诸如语言之类的特征赋予动物，海德格尔也夸大了人的理性，但是他们的理论仍然启迪了人们对动物的思考，因为他们强调了人生在世的物质性和存在这两个特征。

维特根斯坦的狮子

维特根斯坦的晚期作品也可以纳入现象学范畴[11]。在其早期作品中，他试图寻找语言中永恒不变的法则，后来却发现语言不能以这种方式定义。我曾提到过维特根斯坦的思想对于思考动物语言的重要性，在此我想探讨其中一个要素，即社会实践的重要性。哲学家们谈到维特根斯坦和动物，或者谈到语言和动物时，常会引用这样一句话："即便狮子会开口说话，也让人无法理解。"意思是，人和动物有着天壤之别，即使共享一种语言，也无法理解他们想要表达什么。但是，他们对这句话的解释并不正确，这也表明他们对维特根斯坦的哲学思想一知半解。首先，维特根斯坦并不是针对动物进行阐述，狮子不过是个例子。如果读一读这一章之前的内容就会明白：维特根斯坦写道，人类对彼此来说就是一个谜，尤其到了一个陌生的国度就更能感受到这一点。即使带着词典，也无法理解，因为我们不了解别人的肢体语言、社会习俗和行为习惯，仅靠语言不足以解决沟通障碍。接着维特根斯坦引用了与人类截然不同的狮子作为例证。值得注意的是，他提及的不是狗、猫或其他家养动物，而是狮子。

赫恩也分析过上文引用的那句话[12]，她认为，维特根斯坦夸大了狮子与人的不同之处。狮子驯养员能够与狮子顺畅沟通，是因为他们之间已经形成了一种共通的语言。尽管我同意赫恩的观点，认为狮子与人类截然不同确实有点夸大其辞，但是重新审视维特根斯坦的基本观点也非常重要，即当人身处一种完全不同而又陌生的文化中时，理解别人就会变得困难重重。维特根斯坦认为，语言与生活方式息息相关，只有在特定的语境中通过特定的活动，才能获得意义。想要理解他人语言表达的意义，就需要研究使用这种语言的具体语境。如果无法理解他人或某种动物，并不是因为无法理解其内心或思想，而是因为不熟悉其生活习惯、行为举止以及赋予其生命意义的东西。这一点反过来也同样适用：如果人与动物共同生活、共同栖息、共享家园的话，理解就会不断加深。

质疑和对他者的认识

有哲学家认为，人永远都无法真正了解任何事情，这种观点被称之为“哲学怀疑论”。在西方哲学传统中，该理论有多种流派。古希腊诞生了第一批怀疑论者，伊利斯的皮浪（Pyrrhon，约前 360—约前 275）被认为是怀疑论的创始人。他认为，既然所有的假设都基于其他假设之上，那么任何事情都无从确定，所以人们需要不断地思考自己的判断是否正确。每一种不同的观点都必须有充分的论据来支撑，与其采取立场，不如暂缓判断[13]。笛卡儿将现代怀疑论提上日程，他希望通过彻底的怀疑获取某些知识。通过对思维基础的研究，他提出了知识是否可能这一议题。笛卡儿看到了精神和肉体、智力和情感的分离。我思故我在，除此之外，一切都不确定。如前所述，根据笛卡儿的观点，动物不能思考是因为他们不会说话，但他关于思考和认识他人的观点也对人类产生了影响[14]。

以笛卡儿的精神和肉体分离为基础的怀疑论与唯我论密切相关。唯我论者认为，除"我"的意识之外没有任何东西存在，这是人能确定的唯一事实。可能身边有和我们一样有意识的人，但他们也可能是高级机器人，或者人们可能被游戏中的神所蒙蔽。整个历史可能是虚构的，这看起来似乎不太合乎逻辑，但也许只是因为人们已经习惯了作为外部世界而存在的身边世界。唯我论难以证明或反驳，因为人不可能向别人准确无误地证明自己的存在，这一点值得深思。

在日常生活中，人们常常怀疑自己是否真正了解他人，而语言在其中起着重要作用。通过使用语言，我们可以给他人提供关于自己的准确信息，可以讨论各种各样的话题。人们通常认为，人类语言比动物语言更高级。虽然人类语言在理解他人方面起着重要作用，但语言也具有欺骗性，我们没有理由认为属于不同的物种就会妨碍对他人的理解或认识。事实上，只对动物而不对人类持怀疑态度才是有问题的。

怀疑论这一观点难以反驳，而维特根斯坦运用语言的公共特性对怀疑论提出了质疑。他认为，如果语言仅存于大脑并不能获取任何意义，只有在人与人的交流中，语言才会产生意义。我的目的并不在于反驳怀疑论，我的观点很简单：从理论上讲，只怀疑动物而不怀疑人类是一种歧视，一种基于动物思维和语言刻板印象的歧视。动物通常不会用人类语言表达思想，但他们有形形色色的交流方式或物种间共享的语言游戏，这使人类和动物间的交流成为可能。人们常常知道他们想表达什么，反之亦然。因为语言不只是存在于头脑之中，还体现并植根于社会实践中，所以将大脑视为他人无法进入的封闭空间的观点是站不住脚的。

对于那些认为只有人类才会产生疑问的人来说，不妨看看猕猴的做法。猕猴在玩游戏时，宁愿轮空一回，也不愿意做出错误选择[15]。研究人员教猕猴判断电脑屏幕上一排圆点的数量。他们可以选择用“d”表示“稠密”，用“s”表示“稀疏”。如果答对了，就会得到食物奖励；如果答错了，就停止游戏。也可以选择问号，表示既得不到食物奖励，但也不必眼巴巴地等下一轮的游戏。如果有疑问，猕猴就会选择问号。

成为一只蝙蝠是什么感觉?

美国哲学家托马斯·内格尔（Thomas Nagel）在一篇著名的文章中写道：很想知道成为一只蝙蝠是什么样子[16]。他这样写的目的并不是因为他真的想知道做一只蝙蝠的感觉，不过是用蝙蝠作为例子论证意识。内格尔认为，不能把心理状态完全归因于身体状态，这和那些认为我即我脑的人的观点一致。他的这种观点并不承认经验具有主体性这一事实，也没有对意识做出解释。我们并非所属物种的典范；自己经历的事情只有自己能够体会，比如，即使别人和你经历同样的痛苦，你和他人的感受也会有所不同。正如人类利用视觉确定方向，蝙蝠利用回声定位与同伴沟通一样。人可以想象使用回声定位和飞行是什么感觉，但这并不意味着人能够体会作为一只蝙蝠在成长中体验世界的感觉。即使人逐渐变成蝙蝠，仍然缺乏蝙蝠特有的知识。这一想法可以扩展到其他经验：人们可以想象蝙蝠疼痛的感觉，但却仍然不知道蝙蝠疼痛时的感觉到底是什么样。

内格尔认为，人永远不能确切地感受到他人或是蝙蝠的痛苦，这一点毋庸置疑，但是却可以与他人或动物产生情感共鸣。通过观察对方的行为、与对方互动以及了解其交流方式，就能了解对方，从而深入地理解对方的感受以及产生这种感受的原因。人可以想象自己成为一只蝙蝠是什么样子，也可以想象成为另外一个人会有什么不同。比如说，你是女人，可以想象自己变成男人，或者只是变成另一个人会是什么感觉。想象自己变成另一个人并不仅仅是思维问题：同理心和创造力也同等重要。经验可以帮助人们更好地了解他人想法，洞察他人意识，这并非是有或无的问题。或许人们无法准确地想象自己如果有狗一样灵敏的嗅觉是什么感觉、嗅觉灵敏对狗的经验会产生什么样的影响，但这并不意味着人们不能想象这种情景、不能理解狗的想法。

从现象学的视角看待马和狗

汉斯究竟有多聪明？如果按照人类的标准衡量，或者把数学和音乐能力作为判断智力高低的唯一表现，汉斯并不是很聪明。如果想在他身上找到人类具有的普遍语法，那么他的语言能力也没什么惊人之处。但如果把他的大脑看作一个“黑匣子”，却能展现其过人之处：毕竟，通过接收来自人类的微妙信号，他无师自通地学会了如何完成特定任务，尽管他可能自己都不知道自己在做什么。

德里达写道，哲学传统否定了动物对问题做出回答的可能性[17]。首先是因为人们认为动物只会做出反应，而不会用语言回答，所以被自动排除；其次是因为提出的问题都是为人类量身定做的。按照人类标准衡量的话，汉斯算不上很聪明。可我们不知道如果以马的标准衡量的话，他到底有多聪明，因为该研究的重点在于他与人类之间的互动。然而，可以确定的是，汉斯在人、马交流方面反应迅速而且很有潜力，他能很快明白人类的意图，甚至引导人类用肢体语言给他提供更明确的信号。马可以通过多种方式用身体进行交流。比如，马的耳朵可以旋转近180度，通过耳朵的位置告诉同伴哪里可以找到食物或者附近是否有捕食者。在汉斯的思维与交流中，身体扮演着重要角色。

狒狒研究者斯穆茨也写到了在人与动物的交流过程中，身体语言如何促进彼此了解，与动物共同生活如何构建共同知识。她领养了一只名叫萨菲（Safi）的宠物狗，和她养过的狒狒一样，她把萨菲看作是具有独立思维的个体[18]。斯穆茨未对萨菲进行过任何训练，只是用词汇、手势、肢体语言、面部表情等多种方式与他平等交流。她经常与萨菲交流，尤其是关于吃饭、散步等双方都感兴趣或有分歧的话题。如果萨菲做了一些斯穆茨不希望他做的事情，斯穆茨说话的语气和用词就足以让萨菲明白自己做错了什么。有时候，比如在闹市区，由斯穆茨决定该做什么，而在山间徒步或露营的时候，则由萨菲做主。以这种方式彼此关注意味着斯穆茨和萨菲之间已经建立了亲密关系，形成了日常生活习惯和仪式，比如早间的瑜伽练习。梅洛－庞蒂认为习惯主要发生在身体层面。这些习惯使生活更加丰富多彩，养成的新习惯也使存在变得更有意义。

人与狗之间的互动让双方的生活都发生了变化，彼此世界得以扩展，语言在其中起到了重要作用。斯穆茨从她和萨菲的经验两个层面描述了她们之间的相处方式。相比于在实验室里研究动物的反应，或者试图通过苦思冥想有所发现，这种研究方法的切入点更加与众不同。此处强调互惠互利非常重要：斯穆茨经常观察萨菲的行为，据此相应地调整自己的行为和对萨菲的判断，而不是站在人类视角，按照事先准备好的计划按部就班地研究动物。

维特根斯坦认为，关于思维的许多问题都基于对语言的误解。为了避免这种情况，人们需要了解语言的使用方法，对待动物的不同方式可以看作是提供一系列知识的语言游戏。无论在研究中，还是与动物的日常交流中，动物一直被视为研究对象，这是因为占主导地位的语言游戏，长期以来掩盖了人们用其他方式对动物进行思考的可能性，尤其是因为这种方式所提供的结果只是证实了动物作为研究对象的形象。

斯穆茨的研究表明，对动物的研究可以采用其他方法，这些方法可以让人们对旧问题有新见解。她向主体间性的转变为我们提供了研究经验的新选择，动物的经验、研究者的经验，以及两者经验的结合均应得到关注。

第五章

结构、语法和解码

章鱼的大脑很小，大部分神经细胞都分布在腕足上，每一根腕足都可以独立于大脑进行味觉、触觉及其他操作。可以说章鱼在用腕足思考，而这些腕足在“自我”和周围环境之间的联系方面胜过人类。

章鱼、墨鱼和乌贼等头足类动物是一种海洋软体动物。大脑和行为研究探究记忆和学习能力，根据此类研究，人们认为，头足类动物具有一定的意识[1]。各类头足类动物的能力超群。章鱼经常半夜从实验室的鱼缸里逃出来偷吃附近鱼缸里的鱼，有时还会主动回到自己的鱼缸。他们会使用工具，会藏在分成两半的椰子壳或果酱罐里面[2]。

某些头足类动物的皮肤非常神奇。他们的皮肤里含有色素体，可以通过绷紧和放松肌肉改变肤色，这不仅使他们成为伪装大师，同时也呈现出生动而富有节奏感的色彩。这些复杂的颜色是头足类动物在深海中与其他动物进行深入交流的方式，外表则是其交流的一部分。除了改变皮肤的颜色和纹理，其姿势和动作也是交流的一部分。

生物学家莫伊尼汉（Moynihan）和罗达尼奇（Rodaniche）研究了加勒比礁乌贼的信号与人类语言之间的相似性。研究结果表明，就结构复杂性而言，礁乌贼的颜色模式类似于鸟类和灵长类动物的语言[3]。这种交流满足了某些标准，而这些标准是我们认为人类语言所特有的。例如，颜色似乎能够反映外部世界的各个方面，不同的信号可以表示他们想传达的信息强度、范围、精度和具体内容[4]。

动物语言的结构和复杂性是一个相对较新的研究领域。长期以来，人们一直认为动物之间只能通过独立的话语进行交流，因此鲜有学者对句子结构进行研究，但鸟类的鸣叫例外。人们对鸟鸣已经进行了相当广泛的研究，尽管还未得出有关鸟类语言意义的信息。

结构

语法是制约语言结构的规则。奠定了现代语言学基础的瑞士语言学家斐迪南·德·索绪尔（Ferdinand de Saussure）对语言（语言的深层结构）和言语（说话者实际使用的语言）进行了区分。他认为，学习语言更需要关注语言，因为语言的使用（言语）变化多端。单词有新旧更替，但语法却保持不变。单词和语法共同构成了语言，但又不能完全割裂开来：语言的语法明确了语言结构，话语在语言结构的基础上获得了意义。

索绪尔区分了词的两个层面：能指和所指。能指即符号的表现形式，如声音或文字中的字母。所指是能指的心理概念，不能与外部世界的实物（被称为所指物）混淆。根据索绪尔的观点，词汇从语言中获得意义，而非外部世界。例如，“猫”这个词与实际的猫没有任何关系，其意义不是从现实生活中的猫身上获得的，而是通过与“老鼠”“脂肪”等词语之间的区别而产生的。索绪尔认为，在语言学习中，必须关注符号之间如何相互关联，而不是符号在现实世界所指称的事物[5]。

结构主义是基于索绪尔思想的一场社会科学运动，认为社会深层结构以多种不同的方式影响着人类，而不是相反。20世纪六七十年代，结构主义在语言学、人类学、心理学甚至历史学等不同研究领域开始流行。在这些领域中，研究焦点从研究人类行为转移到塑造人类行为的固定基础结构。尽管结构主义已不再流行——还未发现决定一切的硬核深层结构——但某些方面仍在不同的研究领域有所应用，例如动物语言研究。在动物语言研究领域应用结构主义存在一定风险，因为如果仅仅关注支配语言或行为的固定深层结构，就会对研究对象产生机械的理解，几乎没有自由或创造的空间——这种理解会使人们只关注动物的本能，而忽略其智力水平。

长期以来，人们一直认为动物的行为就像预先设定好的程序一样，不过是出于本能。按照这一说法，动物之间的所有交流都受制于其与生俱来的特定框架，所有的反应都一成不变。在这样的模型中，动物使用的语言简单而缺乏创造性，对事件的反应是孤立的。对动物语言的这一印象之所以占主导地位，在一定程度上源于对其进行研究的学科：人们一般在生物学和行为学中对动物进行研究，这两种学科主要关注某一物种的区别性特征，这些特征基于某些预定的标准，而不是基于常人所认为的语言含义。斯洛博奇科夫认为动物的确有语言，他努力把语言学和动物联系起来，指出对动物语言结构进行实证研究的重要性。他把乔姆斯基的普遍语法视为人类和非人类社会个体的一种内部语言结构。他写道，群居动物中存在这种结构，因为所有群居动物在应对人类环境时都会遇到类似问题。在探索一种语言基因的过程中（这种基因在所有脊椎动物的 DNA 中都存在），他发现了证实这一点的证据[6]。

斯洛博奇科夫对语言的描述并非无懈可击——语言不仅仅是一个内在系统，如果仅凭经验进行研究，就会忽略人和动物身上的某些意义维度。实证研究可以使人类深入了解动物语言的复杂性，但是如果要对其进行诠释，则需要重新思考什么是语法和语言，这也是一个哲学问题。

鸟鸣中的语法

鸟鸣是研究最为广泛的动物声音。鸟鸣一般可分为鸣唱和鸣叫，如鸟的惊叫声就是鸣叫，而鸣唱的结构更为复杂，功能也不尽相同。鸟用声音唱歌，也可以用羽毛、翅膀、尾巴、爪子和喙等发声或变声，啄木鸟的啄木声或翅膀震动的沙沙声都属于交流。鸟类的发声器官是鸣管，位于气管末端，可以在没有声带的情况下发声，肌肉使软骨和细胞膜发生振动，从而产生声音。许多鸣禽的鸣管可以同时发出不同的声音。除了大声高歌外，鸟儿还可以用类似耳语的方式轻声吟唱。

长期以来，人们一直认为鸟类歌唱只是为了吸引雌性或保护领地，而没有进一步深思鸟鸣的内涵。人们认为，鸟的鸣唱结构封闭，不过是在按固定模式歌唱。然而，对椋鸟递归现象的研究表明，情况并不那么简单。递归是指通过重复使用某一结构或规则来添加句子，从而创造无限的句子。椋鸟能理解语言中新的递归添加现象，这表明他们的语言和人类语言一样，是开放式的[7]。因此，椋鸟的鸣唱并非预先设定好的程序，而是有充分的余地添加有意义的新成分，从而产生新的句子。然而，仍有研究质疑椋鸟的语法是否真像人类语法那样灵活多样。对此问题虽然尚无定论，但对这一问题的探讨开放而富有意义[8]。

斯洛博奇科夫描述了蓝喉蜂鸟攻击性鸣唱的复杂结构，对其语法结构了解颇多。目前已识别出五种不同的音符，分别归类为 C、Z、S、T 和 E。C 是一个简短的短语，其中四个音符同时发音；Z 和 S 是不同频率的长颤音；T 是一个突发音；E 也是一个四个音符同时发音的短语，不过发音频率不同。这些音的组合方式各不相同：有时以 Z 开头，然后是 S、T、E，再是 S、T；也有的从 C 开始，然后是 S 和 T，紧接着是 T 和 E。这些鸣唱可以包含 18 个不同的音符，并以不同的方式组合使用。蓝喉蜂鸟的鸣唱和椋鸟一样，是一个开放的系统，有着包含全新意义的各种可能，尽管人们对其意义知之甚少。此类研究还需要研究鸣唱的使用环境。鸟类鸣唱多与领地有关，这些信息很可能反映了鸟类的意图，比如“走开”“有种就来”“我知道你住哪儿”等[9]。

如前所述，美国山雀是根据其发出的声音而命名的。他们用这种“叽叽咕咕”的声音与其他鸟类社交、吵架、挑战或讨论领地问题等。但是把这个声音简单地说成是“叽叽咕咕”并不恰当，这种鸣叫的语法结构中包含大量信息。“叽叽咕咕”的叫声可分为四种：简短的哨声、上下起伏的更短的哨声、响亮的声音和听起来像吠叫的长音。各种组合都有可能，一些伴随鸣叫的声音，比如翅膀拍打声，也有意义。山雀的鸣叫声中也存在递归现象：可以在很长的序列中重复某一成分。山雀还会发出类似“漱口”的声音，一般在发生冲突时使用。这种声音非常复杂，持续时间不超过 0.5 秒，但由一系列口哨般的音符组成。山雀也会做出特定的姿态配合声音，就像人类在话语中强调某一成分一样。漱口音由 13 个不同的音符组成，按一定的模式排列（正如字母和音节组成单词一样）。到目前为止，已经分辨出了 84 个漱口音。如果冲突持续，山雀就会让鸣叫声变得更加复杂。漱口音有特定的结构，鸟儿会根据环境进行调整[10]。

卡罗来纳山雀的叫声同样由四种声音组成，这些声音根据环境的不同而有所变化，声音的排列顺序非常重要：如果研究人员在实验中改变了声音顺序，鸟儿就没有任何反应[11]。即使词序错误，人类也能辨别出无意义和有意义之间的区别。在蓝喉蜂鸟中，雄鸟和雌鸟的叫声不同。雄鸟的鸣叫分为五类，可用于不同的组合，而雌鸟的鸣叫则更加复杂多变，这意味着人类对鸟鸣的了解还远远不够[12]。蜂鸟的鸣叫尚未得到广泛研究，然而研究做的越多，就越能证明其结构的复杂性。

语法与语境

语法是语言规则的总称和语言说写的原则。维特根斯坦认为，有意义的语言使用受规则制约，但他用“语法”一词表示更广义的规则系统，用来决定词汇的使用是否有意义。因此，在他看来，语法的内涵并非是对学习和正确使用语言的专业指导，而是通过语言使用表达意义。语言和实践联系密切，语言的意义不能独立于使用方式，语法必须关注这一点。

这种关注语法的方式也适用于动物语言研究。如果只从鸣唱和鸣叫的结构来研究鸟鸣，可以了解到结构的运作方式，但这不足以了解如何理解其意义，必须将语境因素考虑在内。和人类一样，鸟类也知道什么声音对应什么意思。特定情况需要特定的社会规则。迄今为止，研究人员主要关注鸟鸣的结构，也有结合大脑的研究。这些研究表明，鸟鸣比人们想象的要复杂得多，但对其意义却鲜有提及。要想了解鸟类互动时的微妙之处，仅仅对鸣叫声进行分类还远远不够，这种做法过于机械、刻板。除了研究其行动和实践，鸟类鸣唱分析还应该伴随社会关系的研究。在莱恩·霍华德或康拉德·洛伦兹的研究中，人与动物共同生活为这方面的研究提供了有趣的例证和角度。

蜜蜂的语言

蜜蜂通过舞蹈，有时也通过化学信号相互传递信息。蜜蜂有两种舞蹈姿势：圆舞和“8”字舞。蜜蜂们围成一圈跳舞时（即圆舞），表明蜂蜜就在附近；其他蜜蜂能循着气味找到食物的话，就无须给出进一步的指示。如果食物距离较远，舞蹈姿势就会发生变化，这是因为蜜蜂在其栖息地建造蜂巢，蜂巢里储存着蜂王的蜂卵和食物；这些蜂卵垂直悬挂在巢中，使得蜜蜂不能直接确定食物所在位置。因此，蜜蜂创造出融合各种语义信息的“8”字舞（又称“摆尾舞”）[13]。表演舞蹈的工蜂将水平方向转化为垂直方向——“8”字由两个半圆和一条直线组成。工蜂首先跳出一个半圆后回到起点，然后摇着尾部沿着直线前进，接着再完成另一个半圆和直线，从而完成“8”字舞。工蜂与垂直轴的夹角等于食物方向与太阳的夹角。食物距离的远近由蜜蜂摆动尾部的速度决定：摆得越快，距离越近。舞蹈的速度和时长表明花蜜的多少：跳得越快，花蜜越多。通常在舞蹈开始之前，跳舞的蜜蜂还会给其他蜜蜂提供气味和气味样本，这样其他蜜蜂就知道找什么了。除了跳舞，蜜蜂有时也会通过声音传递距离信息。

蜜蜂还有其他类型的舞蹈，比如有一种舞蹈表示需要其他蜜蜂的帮助才能获取花蜜，另一种舞蹈则表示开始或停止觅食。蜜蜂还会通过跳舞寻找新巢的最佳位置——这个过程需要深思熟虑，整个过程如下：大批侦察蜂先去搜寻可能的巢穴位置，然后对不同的位置做出判断。首先，要决定是否值得跳舞（只有最佳位置才值得跳舞）；其次，舞蹈的长度表明了位置的好坏。其他蜜蜂跟随至最佳地点后也开始跳舞。这是一个协作过程，最佳的巢穴位置便是所有舞蹈结束时所处的位置。

不同群落的蜜蜂有不同的舞蹈，甚至可能有不同的方言。除了动作、姿势和声音外，蜜蜂还会利用气味，尽管人类对气味复杂性的认识才刚刚开始。有人认为，复合气味信号本身带有语法。通过观察蜜蜂的不同交流方式可以清楚地看到，蜜蜂的交流方式确实可以被称之为语言：蜜蜂能够通过使用符号传达抽象的信息。

在蜜蜂的语法中，运动、声音、气味、味觉和视觉符号都可以发挥作用，其他物种的各种身体动作中也蕴含着语法。尖刺髭蜥之间的交流就是一个很好的例证。他们通过四种方式相互交流：姿势、地面上脚的数量、点头以及吹气。看似简单，但实际上有 6 864 种组合，其中有 172 种最为常用。动作的顺序和长度对其意义也很重要，这表明尖刺髭蜥的交流系统中存在语法[14]。

最近在巴西塞拉多杰皮山脉发现的海洛斯贾皮蛙，也能将声音、动作、手势和姿势结合起来。他们或奔跑跳跃，或挥动脚趾，或伸展双腿，或高举手臂，或挥舞双手，或相互握手，或扭动身体，或滑稽漫步，等等。他们也会做头部运动，比如用面部画出“8”字形，还会握住脚秀自己的脚趾。到目前为止，研究人员已经记录了他们 18 种不同的发声方式，包括 5 个音符以上的歌曲。雌蛙和雄蛙还通过特殊的方式互相触摸以交流复杂信息，之前从未有研究者观察到这一点[15]。

座头鲸的 20 小时情歌

座头鲸主要生活在水下，视觉和嗅觉对交流所起的作用不大，但声音却非常适合在水中传播，比在空气中传播得更快更远。在人类听来，鲸的歌声随性而空灵，这也许就是其歌声被用于冥想的原因。研究人员证明，他们的歌声听起来自由流畅，但也涉及语法[16]。座头鲸通过语法将声音串起来构成句子，形成的歌曲可以持续 20 小时。座头鲸研究人员铃木隆司（Ryuji Suzuki）和同事开发了一款计算机程序[17]，将座头鲸的所有歌曲分解为声音，并配以符号，通过数学模型进行分析。同时，还让人来听这些声音，通过人耳识别，得出了与电脑相同的结论。

座头鲸将长长短短的句子组合成旋律，并通过不同的音调进行重复。歌曲可长可短，少则包含 6 个音符，多则包含 400 个音符。雄性座头鲸一年要歌唱 6 个月之久，每个族群每年都会更换新歌。尽管每头座头鲸都唱同一首歌，但随着季节的推移，旋律逐渐复杂，最终变得完全不同。不同的族群都有自己的族歌——这似乎是个文化问题——尽管另一族群有时可能会选择一首流行歌曲，并风行一时。鲸的歌也很押韵，经常以相同的音结尾。鲸不唱歌时发出的音调和咔嗒声，在声音和组合上因地区而异。研究人员认为，这和人类方言，甚至人类语言非常相似[18]。有的种类的鲸各唱各的歌。生活在北极的露脊鲸能同时用两种声音唱歌（高频和低频）[19]。每年唱新歌的不只有鲸。例如，雄性黄腰酋长鹂每年唱 5—8 首歌，每年的变化率为 78%[20]。靛蓝维达雀的歌也在变化。尽管鸟类本身只能存活 18 个月，但歌曲变化有时却需要 8 年之久，因此这显然是一种文化传播[21]。

人耳听不见的声音

游离尾蝠利用回声定位导航和捕捉猎物。他们发出的声音非常高亢，以至于人类的耳朵无法察觉。通过回声，他们能够判断周围环境，声音越高，听到的信息越精确。他们还能发出人类不易听到的各种声音。由于这一原因，长期以来对蝙蝠歌声的研究无人问津，但现在数字录音设备使这类研究成为可能，这表明他们的语言实际上非常复杂——蝙蝠被认为是继人类之后声音表达最为复杂的哺乳动物。对雄性游离尾蝠向雌性游离尾蝠求爱时所唱歌曲的研究表明，每只雄性蝙蝠都创作了自己独有的歌曲，歌曲有固定的音符和特定的模式，但每只雄性蝙蝠都有自己的音节和声音，比如吱吱声、啁啾声、唪呜声和嗡嗡声。歌曲的结构就像人类的句子。蝙蝠不仅将这种复杂的交流方式用于谈恋爱，也用于保卫领地、确定社会地位、抚养幼崽、赶走入侵者和识别对方等方面[22]。蝙蝠是哺乳动物，大脑与人脑相似。因此，为了进一步了解语言的起源，人们正在研究蝙蝠的大脑。

另一种叫声频率超过人类听觉极限的动物是老鼠。雌鼠更喜欢复杂的歌声，因此雄鼠通过复杂的歌声吸引异性。如果闻到雌鼠的味道，那么雄鼠的歌声就比雌鼠在场时要复杂得多。互相学习歌唱的每只实验室老鼠都有自己独特的歌声[23]。有的歌声与生俱来，即使与其他窝的老鼠一起长大，实验室老鼠仍然唱着他们生来就会唱的歌曲[24]。野生老鼠也会唱歌[25]。不同种类的老鼠之间的歌曲差异大于不同鸟类之间的歌曲差异，随着年龄的增长，老鼠的歌曲会变得愈发复杂。由于老鼠不如鸟儿受人类重视，因此对其歌声的研究还不是很详尽。

2015 年，人们发现雌鼠也会用唱歌进行回应。人类听力无法判断老鼠是否在歌唱，因此一度认为只有雄鼠才会唱歌[26]。人们通常认为只有雄性物种会唱歌，这是基于性别和语言在动物中的作用而形成的刻板印象：动物唱歌或说话主要是为了寻找伴侣或保卫领地（出于本能，而非智力），而在这方面发挥积极作用的是雄性。女权主义的科学哲学家认为这纯属性别偏见[27]。有种蝉是小型跳虫，在地下产卵长达17年，然后才全部孵化出来。雄性蝉用声音，而雌性蝉用翅膀发声。交配时，雄性蝉用声音说话，而雌性蝉则以拍打翅膀作为回应。雄性蝉重复自己的声音，如果雌性蝉再次回应，雄性蝉则会以更高的音调再次重复，如果雌性蝉再次回应，他们就会进行交配[28]。

和老鼠一样，像飞蛾[29]和蚱蜢[30]之类的昆虫，也能通过人耳听不到的声音进行交流。飞蛾和蚱蜢的腹腔中有一种薄膜可以感知声音；蟋蟀用前腿感知声音[31]；蚊子则用触须底部的振动敏感器官感知声音[32]。有的昆虫主要靠感觉辨别声音；声音还可以使物体产生移动，他们则可以感觉到身体的振动。鲨鱼用身体姿势使水移动，其他鲨鱼就可以感觉到并理解其意义。他们也会利用声音、气味和电信号[33]。对人类来说，水振动和电通讯都难以感知。

动物语言中有语法吗?

蝙蝠、鸟类、蜜蜂及其他动物的语言结构可以和人类语言结构相比较。对于动物语言中是否存在语法、如何将其与荷兰语或英语语法进行比较等问题，还没有研究能给出明确答案。当然，这也取决于人们对语法的定义。不过，事实表明，这一问题并不奇怪。对动物交流了解得越多，这一问题就显得越复杂，人类就更需要深入了解动物的交流方式。

评估动物语法的挑战之一是确认肢体语言在交流中的作用。面部表情、姿势和动作可能看起来像是交流的基本要素，但是维特根斯坦在他认为非常复杂的美学判断的讨论中指出，正是通过非语言判断，如点头、姿势、表示同意的方式或者某个词的发音等，才可以识别出某些要素[34]。动物能从细微的身体线索，如耳朵的位置、尾巴的角度等获得很多信息。想要理解他们的语言，就必须了解哪些动作有意义，哪些动作没有意义，其意义又是什么。技术进步可以帮助人们分析动作视频，记录人类无法感知的话语，以及对数据进行数字分析。然而，有时仍然面临挑战：大象发出的声音非常深沉，需要超大的扬声器才能再现。将硕大无比的扬声器运送到丛林中，还不能让大象发现，这是一项了不起的壮举。

在此质疑语法框架本身也非常重要：如果将人类语法从形式上看作所有语法的框架，则很难理解动物语法。这也表明，动物语言不如人类语言，因为人类语言是语言的起点。维特根斯坦关于语法作为有意义的交互框架的观点在此更为有效，因为这比其他规则更为宽松、开放。在人类语言中，我们还发现了不同的语言游戏，可以通过不同的方式创造意义。正是出于这一原因，诗歌可以打破语法规则，也可以质疑语法规则，但却仍然具有意义。

第六章

元交际

第六章　元交际

狗看到同类后会兴奋地跑过去，在距其几米远的地方突然停下来鞠躬。他前腿下蹲，后腿站立，同时还摇着尾巴，如果另一只狗没有反应，他就会吠叫挑战，这些动作被称为“游戏式伏地”。

马克·贝科夫花了数年时间研究狗、狼和土狼的游戏[1]。在游戏中，这些动物通常使用在其他情况下才会使用的动作，如打架、逃跑、攻击或者性挑逗，来表明这不过是游戏。“游戏式伏地”就是这种行为最典型的例子。具体的身体位置可以有所不同，但通常身体前部伏地，后臀抬高，像摇尾巴、吠叫、咆哮等其他动作可以自由选择。狗、狼和土狼都明白这些动作表示邀请对方一起玩耍。游戏开始时，伏地的动作用于邀请对方参与游戏；游戏过程中，如果对方失去兴趣，就用这些动作向对方发起挑战；如果游戏过头了，比如一只狗咬伤了另一只狗，或是将对方撞翻，则用这些动作表示这一切不过是游戏。这些动作可以表示“我想玩”或“我还想玩”，同时也含有“对不起”的意味。

游戏中，占上风的狗有时会做出恭顺的姿态。土狼和熟悉的同伴在一起玩耍时也会这么做，为了能和更为弱小的土狼开心玩耍，他们还会自我设障，比如故意让动作慢下来或者显得弱一点。不过，在狗的游戏中，某些社会习俗仍然存在，例如，占上风的狗很少去舔另一只狗的嘴，骑在另一只狗身上通常也是单方面的行为[2]。在狩猎游戏中，比如在追扑打闹的过程中，角色可以互换。游戏中合作和竞争通常相伴而生，他们既彼此挑衅，又相互合作。

狗和其他动物之间的游戏不仅仅是为了好玩。贝科夫指出，游戏中包含大量的动作和表情，这些动作和表情在本质上因物种而异。游戏并非唯一功能：创造性和伪装也很重要。从动物身上可以看出，他们理解他者意图；在游戏中展现的战斗姿态与在非游戏时呈现的姿态具有不同含义。像“游戏式伏地”这样的信号为这一现象提供了支撑。与发声和眼神交流同等重要的还有观察对方的姿势：动物在游戏的时候会不停地盯着对方。通过游戏，动物也能了解自己和其他动物的实力和在群体中的地位。

当然，狗不是唯一会游戏的动物。近年来，越来越多的研究关注动物的游戏行为。大多数哺乳动物、卵生动物、爬行动物和脊椎动物都会游戏。头足类动物、节肢动物以及蚂蚁、蜜蜂和蟑螂等昆虫都有类似游戏的行为[3]。

从游戏到语言

加拿大哲学家布莱恩·马苏米（Brian Massumi）认为，游戏本质上具有创造性[4]。虽然动物通过游戏来学习，但游戏不能简化为学习行为或建立等级秩序。游戏不仅具有功能性作用，还具有审美和娱乐作用。每只动物都有自己独特、迥异的游戏风格。他们即兴发挥各自喜好，这些喜好因环境而异，并随着时间的推移而变化。例如，狗和某个玩伴玩耍的方式可能不同于和另一个玩伴玩耍的方式。随着年龄的增长，动物玩耍的方式也有所不同。

马苏米认为，所有行为都具有创造性，即使是被视为本能的行为也不例外。例如，如果兔子每次逃跑的方式都相同，捕食者就可以预测其行动。虽然诸如逃跑行为的某些因素总是相同，但却必须适应特定的环境，并伴随变化和个体发挥的空间。例如，兔子可能向左或向右跑，也可能躲在山后或者静待片刻，兔子会根据情况随机应变。马苏米认为，本能和表现（表现指随机应变和即兴发挥的能力），二者并非对立，而是相互预设。文化也在其中发挥了作用：动物向其他动物学习时，风格和创意很重要。在蠕虫等物种的行为中，甚至也发现了创造性的一面。达尔文对蠕虫展开了广泛研究，认为他们能以自己的方式对刺激做出反应，还可以通过某种抽象的方式进行学习[5]。他认为，如果观察到狗表现出蠕虫的行为，人们会毫不犹豫地赋予他们某些特质，比如具有体验痛苦或恐惧的能力。但是由于蠕虫与人类相去甚远，人们就对此持怀疑态度；达尔文对这种怀疑的合理性表示质疑。

语言和游戏以多种方式相互联系。首先，语言表达是游戏的一部分，而游戏是一种交流形式。其次，本能和智力在语言中并无严格界限。许多表达形式与生俱来，比如人类的面部表情或鸭子对母亲的呼唤，而诸如斑胸草雀的歌声、人类的写作等表达形式，却是后天学会的。这些先天的语言形式确实有创造性的成分，并且可以逐渐得到完善。例如，随着年龄的增长，小老鼠的歌唱方式日趋复杂；人类可以学习什么时候该笑，什么时候不该笑。最后，元交际，即交际中的交际，经常涉及游戏。就像本书一样，我们可以用语言谈论语言，也可以用语言撰写有关语言的文字。嬉戏的时候，狗也会谈论他们使用语言的情况，通常通过特定情况下做出的动作，如“游戏式伏地”，这一动作可以避免将游戏演变为打架。

幽默也具有同等作用。玩笑是一种语言游戏，包括一些与实际意思不符或质疑自身意义的词语，例如在滑稽剧中夸大动作，或在另一情境中使用这些动作。游戏中，动物通过使用与语境不符的动作，可以与同类，乃至人类进行有效交流。我之前讨论过维姬·赫恩的例子，她教会一只名叫萨尔蒂的狗拿哑铃。萨尔蒂把这变成了游戏，故意做一些没有要求她做的事情，比如拿来垃圾箱的盖子或者把哑铃拿给别人。赫恩把这当作玩笑，而这之所以可以成为玩笑，是因为萨尔蒂已经学会了游戏规则。萨尔蒂的所作所为类似于狗与狗之间的嬉戏方式。在游戏中，动作具有不同的含义，通过新颖的方式可以使游戏更加有趣。单纯地把哑铃拿给陌生人毫无意义，而在游戏中，这一举动可以被视为是对另一位参与者的挑战。

从游戏到道德

游戏有一定的规则。通过和其他动物嬉戏，动物学会了游戏规则。他们通过一种安全的挑战方式，如玩耍而不是打斗，来验证游戏规则。马克·贝科夫并不是为了好玩才研究这一问题，他对动物游戏的研究是道德进化课题的一部分。他和杰西卡·皮尔斯（Jessica Pierce）一起写了一本关于动物道德和正义的书，这本书以社会规范为基础，而社会规范在一定程度上是通过游戏确定和习得的[6]。他们认为，人类的道德观念并非在真空中形成，物种之间具有连续性。如果人类身上存在诸如爱、道德或正义之类的品质，那么其他物种身上很可能也存在适合各自物种的品质。

贝科夫从“游戏式伏地”的正确使用中体会到了道德和

游戏之间的联系。动物本要玩耍但最后却打了起来的情况鲜有发生。一旦发生这种情况，其他狗就再也不和攻击者玩耍了，由此就会造成社交排斥。在游戏中，大狗制定社交规则，小狗则学习这些规则。通过扮演角色，展示一些不那么粗暴的行为，可以告诉其他动物什么是可接受的动作。在安全游戏中，做到这一点完全可能。如果动作过激，比如咬得狠了点，也不会打起来，因为可以通过"游戏式伏地"表明自己并非有意攻击。参与游戏本着自愿而开放的原则，这有利于界定游戏的边界。因此，学习游戏对小动物的社交能力、认知能力和身体发育等方面的发展非常重要。如果动物在小时候不和其他动物一起玩耍，那么在以后的生活中就会缺乏对群体规范和价值观的认识。

道德与社会互动

人们通常认为，非人类动物不会也不能展现道德行为，因为他们缺乏这样做的智商，这表明了一种特殊的道德观：深思熟虑的决定与行动相关。但是，最近对人类道德心理学[7]的研究表明，道德主要是一个习惯和社会化问题。许多有关道德的抉择，比如救助溺水者，都是瞬间的本能行为，并未经过深思熟虑。人类天生具有某种社会倾向，在童年时期通过与人相处和遵守该群体规范，进一步发展了这一倾向。

其他群居动物对社交行为也有同样的倾向，这种倾向通过群体内的互动得到了进一步发展。我们在不同的物种身上发现了不同程度的道德感。人类最熟悉的家养动物的行为通常并非随机或无政府主义，通过正确的驯养，他们像人类一样，在人类与非人类共享群体中遵守社会规范和价值观[8]，这使得共同生活成为可能。人类也是如此：如果对每一社会形势下的每一行为都要经过仔细权衡，不仅会耗费太多时间，还会危及社会稳定。

身体在这种社会道德观念中起着重要作用[9]。通过与他人互动，我们将某些规范和规则添加到身体系统中，然后用身体进行表达。人们有时不自觉地按道德行事；有时身体先行，思考随后。人们通过行动展现自己，而不仅仅通过言论或观点。在这里，与他人共享的社会框架与我们的个人经历同等重要。与其他动物共生的人类的社会框架也受其存在和行为的影响，反之亦然。

动物道德

1996 年 8 月 16 日，在美国伊利诺伊州布鲁克菲尔德的一家动物园里，一名 3 岁小男孩掉进大猩猩围圈后昏迷不醒。8 岁的雌性大猩猩宾提·爪娃（Binti Jua）立即向他走去。游客们顿时尖叫起来，担心宾提·爪娃会伤害这个男孩。但是她却抱起小男孩，使其远离可能伤害他的其他大猩猩，然后小心地将其交给工作人员，当时她自己的孩子一直趴在她的背上。

宾提·爪娃这种同情心的展现并非个案。1986 年，一只名叫詹博（Jambo）的雄性大猩猩在英国泽西动物园里抱起一名掉入围圈的 5 岁小孩，并交给工作人员。生活在英国莱斯特郡特怀克罗斯动物园的倭黑猩猩库尼（Kuni）在其围圈里发现了一只不会飞的椋鸟。她试着轻推小鸟，想让她动一动，但却无济于事，于是库尼抱起小鸟，爬到附近最高的树上，用双手展开小鸟翅膀，将她抛向空中。库尼试图帮助小鸟飞行，但却没有成功，椋鸟摔在了地上，库尼试图将其扔出围圈。工作人员稍后查看的时候，鸟儿已经不见了，她可能只是需要一点时间来恢复体力[10]。

对于这些行为的道德价值，人们并未达成共识。弗朗斯·德瓦尔（Frans de Waal）认为，宾提·爪娃的行为是一种移情行为，其他科学家对此表示怀疑，并认为这是他们后天学会的行为[11]。宾提·爪娃由人类抚养长大，习惯与自己的孩子一起接受检查；詹博由母亲抚养长大；库尼没有学过如何处理椋鸟，但经常看到他们飞来飞去。这是否是移情问题，并无明确答案，但这一问题值得深思。我们可以通过两种方式解决这一问题：要么弄清楚动物的内心或体内发生了什么，要么研究“移情”这一术语的意义。稍后我会谈及术语的含义这一问题，但我想先深入探讨动物的道德问题。

贝科夫和皮尔斯从合作、移情和正义三个研究领域讨论道德问题。他们在动物群体中看到了社会和道德复杂性之间的联系。生活在复杂社会群体中的动物需要更多的社会规则以便和谐相处，这一点似乎合乎逻辑。社会复杂性和语言之间似乎存在着同样的联系：互动越多、越复杂，需要的语言越多。

研究者在实验室和野外都进行了动物道德研究。对被圈养的各类动物的研究表明，他们能够为他人着想。如果进食让同类受到惊吓，老鼠和恒河猴就会拒绝进食[12]。一只雄性狄安娜长尾猴学会了如何获取食物，然后向另一只不知道如何获得食物的雌猴提供帮助，而这对他自己没有任何明显的好处[13]。被圈养的黑猩猩会打开另一只黑猩猩的笼子，使其也能吃到食物[14]。然而，正直这一品质不仅在与同类相处中至关重要，在与其他物种的动物相处时也同等重要。卷尾猴如果受到不公正的对待，就会拒绝与研究人员合作[15]。在野外，人们发现大象会安慰自己的朋友[16]，还会保护那些无力保护自己的其他种群的动物[17]。海豚会陪伴在生病的海豚左右，并尽可能地提供帮助，比如在生病的海豚周围形成一个“救生筏”[18]。还有一些海豚帮助人类和其他动物的逸事。1983 年，一群海豚帮助另一群搁浅在新西兰托克劳海滩的领航鲸找到了返回海洋的路；1978 年，在旺格雷海湾也发生过同样的事情；2004 年，新西兰北部海岸的一群海豚在许多游泳者周围围成一圈，保护他们免受白鲨的攻击；一群潜水人员在红海迷路了，海豚保护他们免受鲨鱼袭击，并为救援人员引路[19]。

科学家们对社会行为与道德行为进行了区分。对进化生物学家来说，诸如照顾孩子这类的行为属于社会行为，这也可能涉及道德行为，但其本身与道德无关。动物群体内部存在的道德行为并不意味着也存在于动物群体之间。人们针对狼群的社会凝聚力和道德进行了大量研究。狼与狼之间存在诚实约定这一事实并不意味着狼和猎物之间也存在同样的约定——当然，人类享有特权。在这一点上，属于某一群落可能比属于某一物种更为重要：被驯养的动物与不同物种的个体相处时，会按道德行事，或遵守群落规则[20]。

在不同动物群体中也可能存在不同的道德行为，这些道德行为源于不同的习惯和风俗。动物行事通常会遵循礼节，比如谁先吃饭或者如何打招呼。此类行为具有道德意义，因为他们传达的是群体规范。这不仅是为他人考虑，也是为了个人利益。比如人类按道德行事，是为了避免羞耻感，或者是为了从一个群体的社会优势中获益。我们谈论动物道德并不意味着其他动物也有和人类一样的道德。然而，与人类一样，规范和价值观在发挥作用，为他人着想也是如此。

合作

合作行为时有发生：同伴之间、认识或不认识的个体之间、大型网络或家庭环境中都会产生合作[21]。动物也可以在生态系统，甚至在细胞层面上进行无意识协同合作。动物合作可能出于实际原因：为了自身利益或关心他人，也可能因为合作时感觉良好。合作不是一个单独的行为类别，而是一个更大的社会和互助行为网络的一部分。无论是人类还是动物，合作不一定都是明智而深思熟虑的决定。例如，催产素与其他激素结合，在亲子和伴侣关系中发挥作用，可以支持人类进行广泛的社会合作。从前面的章节中可以看到，催产素在人与狗的关系中起着重要作用，它会影响动物之间的关系。

生物学家区分了不同的合作形式。亲缘选择是利他三义的一种形式：亲属比非亲属更受青睐。地松鼠能对捕食者的到来发出警报，但发出警报的动物则身处险境，因为捕食者能立即感知到他所处的位置。这一物种的雌性通常和亲属住在一起，她们发出警报的叫声频率比雄性地松鼠要频繁得多，雄性地松鼠通常不住在家附近。

互惠共生是一种合作形式。在这种合作中，两个或多个不同物种的动物共同完成一件无法单独完成但能看到直接结果的事情，这是一种最简单的、几乎无须思考的合作。群体狩猎就是如此，比如石斑鱼和巨型海鳗一起捕猎时通过摇头事先达成捕猎协议[22]。

互惠利他是另一种合作形式，这种合作形式并非基于家庭关系。这类研究主要在灵长类动物中进行。梳理毛发是其中的典型案例：动物会费心给另一只动物梳理毛发，以期望在某一时刻能得到回报。动物大多会为经常给自己梳理毛发的动物梳理毛发，也更愿意帮助那些经常为自己梳理毛发的动物，狒狒有时会抱着另一只狒狒的幼崽以换得对方为自己梳理毛发[23]。这种利他行为不仅存在于灵长类动物中，黑斑羚也会互相梳理毛发[24]，而吸血蝙蝠则会喂食自己族群的同伴。

人们向来认为，只有人类才有普遍的互惠能力：帮助陌生人而不期望回报。然而，对圈养黑猩猩的研究表明，他们一次次地帮助人类，却并不期望得到任何回报。在一次实验中，他们把人够不着的棍子递过去[25]。他们还会帮助其他猩猩而不求回报，比如，帮忙打开另一只猩猩的笼子[26]。老鼠也会帮助不认识的同类，如果曾经得到过陌生老鼠的帮助，他们就更愿意这样做[27]。尽管对这种行为的研究很少，而且研究的都是圈养动物，但却依然表明，动物的道德意识比人们想象的要复杂得多。

与其他动物能力一样，人们对于什么是真正的合作存在争议。狼喜欢成群猎食。每种动物会根据实际情况调节自己的行为，以便能够捕获并战胜比单独捕猎更大的猎物。有生物学家认为，狼群合作出于一个共同目的，也有人怀疑其中是否存在真正的合作。也许他们只是饿了，知道这是获得食物的唯一途径。尽管通过研究交流在狩猎中的作用可能会揭示其意图，但观察在此处依然起不了多大作用，因为这个问题涉及合作的哲学或概念意义。

并非所有的互利行为都需要合作。有时候，一只动物帮了另一只动物，而另一只动物也给予了回报，这其中并不涉及真正的合作。并非所有的合作都具有互惠性质。一项对狮子的研究表明，狮子并不总是齐心合力驱逐入侵者，不合作的动物也不会因为缺乏合作而受到惩罚[28]。此外，并非所有的合作和利他行为都属于道德行为。在这一背景下，贝科夫和皮尔斯讨论了黏菌的利他行为。黏菌曾被归为霉菌，现在被归为单细胞生物，我们对其归属还不够明确。有的细胞会牺牲自己，以便其余的黏菌继续生存[29]，这就是利他行为，其中并无人们认为的道德因素：据我们所知，黏菌没有与道德相关的情感和认知复杂性。因此，贝科夫和皮尔斯认为，只需要把那些生活在更复杂的社会关系中的动物行为称为道德行为，这些动物群体对好坏有明确的标准，有灵活的行为和丰富的情感生活。这看似很有道理，但是由于我们对许多物种缺乏了解，所以在区分和衡量动物与人类的相似程度时，保持谨慎也不失为一种明智之举。

同理心与情感交流

同理心在生物学和行为学中用来表明一类移情行为。简单的移情方式类似情绪传染，例如别人感到害怕时，自己也会感到害怕，这是一种本能的生理反应。许多动物都经历过这种移情心理，最近甚至在木虱身上也得到了证实[30]。更为复杂的移情形式是帮助他人、认知移情（理性理解他人感受）和归因（利用想象力假设他人观点）。移情是一种情感交流方式，其中面部表情发挥着重要作用。狼是群居动物，他们的面部表情比土狼或狐狸要复杂得多[31]。

许多动物都有同理心。达尔文讲述了斯坦兹伯里船长的故事：他发现一只又老又胖的失明鹈鹕，显然是被其他鹈鹕喂养才得以存活。达尔文还写道，乌鸦会照顾失明的同伴，他甚至听说过一只失明的小公鸡被同伴照顾的故事[32]。目前在老鼠身上展开了许多同理心研究，因为他们的DNA与人类相似。矛盾的是，这项研究往往非常残酷，因为需要测试动物对他人痛苦做何反应。动物不仅对同类感同身受，对其他物种也有同理心。众所周知，宠物会同情人类，有时还会试图安抚人类。还有一些关于动物群落收养和抚养人类儿童的故事[33]。

除了研究行为，研究人员还调查了同理心在大脑中的表现。研究发现，当动物看着另一只动物做某个动作时，镜像神经元的活动方式与动物自己做某个动作时的活动方式一模一样。这些神经元不仅在理解和解释他人行为方面起着重要作用，而且也为解读思维提供了线索，在语言习得和情感洞察方面可能具有重要意义。在人类、其他灵长类动物和鸟类的大脑中都已发现了镜像神经元。纺锤体神经元——因其细长的纺锤状而命名——可以使人感受到爱和情感上的痛苦。长期以来，人们一直认为只有人类和其他类人猿才有此类神经元，正是这些神经元使人与其他哺乳动物区别开来。但是现在，人们在鲸和大象身上也发现了纺锤体神经元，这些神经元很可能在移情、语言、社会组织以及感受他人的直觉中发挥作用[34]。

目前非常流行对动物情感生活以及对道德和语言的研究。情感在生物学中被视为有助于控制行为的心理现象。这听起来很简单，但贝科夫[35]指出，情感这一概念实际上很难定义，也许是因为情感太过笼统，或者是因为没有一个理论能涵盖情感这一概念的复杂性。然而，显而易见的是，情感真实存在而且在社会关系中极为重要。情感通过姿势、气味、声音或表情表现出来，我们可以利用感官解读他人情感，别人也可以通过同样的方式解读我们的情感。情感分为基本（本能）情感和次要情感，人们可以有意识地感受、体验和反思情感。人类和其他动物的情感和认知相互关联，只是我们还不太清楚如何关联。

贝科夫讨论了许多有关非人类动物的情感，如爱、恐惧、喜悦、悲伤、愤怒甚至羞耻的事例。他强调，应该从跨学科视角对动物情感进行深入研究。只有通过深入了解动物的生活方式，才能更好地理解动物为什么会如此行事、会有如此感受。动物没有情感、人类永远都无法理解动物，这样的假设毫无意义，只会产生一些证实这类假设的研究问题。也许狗和人类感知情感的方式大相径庭，但这并不意味着狗不会感受悲伤或快乐。不同物种的动物情感与人类情感非常相似。刚遭受袭击的蜜蜂情绪悲观，看到的杯子是半空的，而未受攻击的蜜蜂则情绪乐观，看到的杯子是半满的[36]。狗[37]和大象[38]会患上创伤后应激障碍。我们已经看到，虎鲸蒂利库姆因为樊笼生活和被迫为人类表演节目而变得郁郁寡欢。

有的动物不仅对活着的同伴有同理心，对死去的同伴也是如此。比如，简·古德尔（Jane Goodall）首次提到，黑猩猩会表示哀悼，大象也有哀悼仪式。朱莉·安·史密斯写到了兔子对逝去同伴的哀悼，大象会多年不断地探访亲人墓地，如前文所说，他们对自己不认识的大象的骨骼也很感兴趣，这表明他们对死亡的理解已经超越了个体情境。最近，在对长颈鹿的研究中，也发现了类似的哀悼仪式[39]。大猩猩迈克尔用手势语讲述了偷猎者杀死其父母的故事。乌鸦埋葬同伴。

狐狸也存在类似行为。这些都是关爱同伴的表现，超越了自我利益和日常互动[40]。

有研究者认为，某些动物的仪式属于精神层面甚至宗教层面[41]。对人类而言，洗礼、祈祷等宗教行为不仅与心灵相关，而且植根于其中，个人和群体都受日常习惯和仪式（包括宗教仪式）的影响。简·古德尔和芭芭拉·斯穆茨无意贬低人类精神体验，但她们描述了动物的一些经历（古德尔描述了黑猩猩的经历，斯穆茨则描述了狒狒的经历），至少在人类观察者看来，这是精神层面的体验。斯穆茨描述了她正在研究的狒狒如何围坐在小水池旁，凝视水面，仿佛陷入深思，然后同时慢慢地站起来，默默地向前走去。在观察到的两次这样的仪式中，她注意到，即使是喜欢吵闹的幼年狒狒也会变得非常安静[42]。古德尔描述了一只在贡贝的瀑布边跳舞的黑猩猩，他看似没有任何实际目的，只是被敬畏和震撼的感觉所激发[43]。“大象聆听项目”的发起人、大象研究者凯蒂·佩恩（Katy Payne）在一次电台采访中谈到，一群大象有时会同时保持静默一分钟甚至更长时间。凯蒂·佩恩是贵格会教徒，她说，这让她想起了在贵格会上静默的情形：她认为这是一种冥想[44]。

规则与正义

达尔文认为，动物具有良知，可以区分好坏[45]，这是他根据观察、趣闻和研究得出的结论。贝科夫和皮尔斯赞同这一观点，认为同理心是道德行为的基础。通过观察，我们可以看到动物能感知事物，有时也能自我感知，因为同理心是一种跨物种现象。有人认为，人类的正义感高度发展，但对这一点我们并不确定。虎鲸硕大的大脑中拥有人类没有的一块区域，毗邻情绪处理的边缘系统。基于这一原因，有科学家认为，他们可能比人类更社会化、拥有更丰富的情感生活[46]。许多动物也具有正义感。通过修订版的“最后通牒游戏”，人们对黑猩猩和儿童的公平感进行了研究。在这个游戏中，游戏者必须在两个代币之间做出选择，一种选择可以平均分配奖励，而另一种选择则对选择者有利，而对另一方不利，另一方必须交出代币，接受约定的奖励。以前人们认为这个游戏不适合动物，因为想当然地认为动物总是会做出自私的选择，但事实却并非如此。黑猩猩和孩子做出了和成年人一样的选择：如果需要同伴帮助，他们会公平分享；如果同伴处于被动地位，则会做出利己的选择[47]。

研究还表明，对不平等的敏锐感知并不仅限于类人猿和其他灵长类动物。在一项对狗的研究中，研究人员让狗挥动爪子，狗照做了。但当他们看到另一只狗因为挥动爪子而得到奖励，而他们却什么奖励都没有时就拒绝照做，同时还会表现出更多的压力症状。研究人员认为，这表明狗对什么是公平、什么是不公平有着敏锐的判断力[48]。狗也会相互评判人类的社会行为，以此展现对人类的情感认同。在最近的一项研究中，要求狗观察帮助他人打开盒子的人，以及没有帮助他人的人。如果没有提供帮助的人事后给狗喂零食，他们通常会拒绝，但会接受提供帮助者的饼干[49]。

情感与道德的研究促使人们更深入地审视人类道德。人类往往认为自己在正义方面高度发展，但人类也是一种为了自身利益而大规模剥削和利用其他动物的物种。从广义上讲，我们生活的世界在很大程度上取决于人类行为，这促使思想家将我们所处的时代称为“人类世”。人类占领动物领地，在许多地方用道路、建筑物、船只，还有噪声和其他污染霸占共享空间。界定人类对动物的义务和责任超出了本书范围。

但我特别想说的是，语言研究可以在这些问题中发挥作用，因为语言不仅可以洞察他人的内心世界，还可以在与动物建立新的关系中发挥重要作用。

第七章

为什么要与动物交流

第七章　为什么要与动物交流

蝙蝠会为自己所爱的同类唱歌，歌曲的结构和人类语言的句子结构一样复杂；鹦鹉能用人类语言与人交流数学问题；狗能理解人类语法，并通过有特定语法的气味模式进行交流；蜜蜂可以通过舞蹈形象地传达空间坐标；海豚有自己的名字；草原犬鼠能详细地描述游客的样子；狗和主人目光对视时，会产生拥抱荷尔蒙；在游戏中，狼与狼之间能交流游戏信息；马能读懂人体传达的信号；头足类动物可以通过皮肤上的彩色图案向同伴传达大量信息。通过诸如此类的表达，动物告诉人类和同伴他们的感受、需求，并描述周围环境。他们彼此交流，互相提问并给予回应。人类语言在复杂性和多样性方面独一无二，而动物语言亦是如此。

目前对动物语言做出定论并给出准确定义还为时过早。一方面是因为近年来才开始开展对这一课题的科学研究，另一方面也是因为人类无法脱离动物而孤立地得出结论。从政治角度来看，为他者确定什么是有意义的交流有点不合逻辑。与其界定动物的交流形式是否符合人类所定义的“语言”框架，不如关注动物在表达什么、到底什么是语言、什么可能是语言。这不仅涉及倾听，而且还需竭尽所能寻找新的方式与动物就共同问题进行互动。在本章中，我将以动物在伦理和政治哲学中的作用及地位的最新文献为依据，探讨在与动物建立新关系的过程中，语言所发挥的作用。

政治动物

只有人类才是政治参与者的观念由来已久。在《政治学》第一卷中，亚里士多德把人定义为天生的政治动物，一种唯一具备语言能力的动物，具体来说，就是分辨是非的能力。他认为，这是政治群体必不可少的能力，只有人类具备这种能力。他在人类和其他动物之间画了一条分界线，这条线就像政治边界一样发挥作用，只有人类才是政治动物。“只有人类才是政治参与者”这一观念在哲学和政治实践中普遍存在。

近年来，诸如“动物没有语言”这样的观点在不同领域受到了挑战。在政治哲学领域中，人们认为动物是与人类政治群体有着互动关系的政治参与者[1]。后结构主义[2]、后人文主义[3]等思想流派对“人类例外论”提出了质疑，这种质疑也存在于动物研究和动物地理学领域。动物地理学强调，动物正在以各种方式影响着人类政治群体[4]。

谈及动物和政治，人类经常玩笑说：动物无法投票。然而，对动物群体决策的研究表明，他们可以在群体中投票。研究者在蜜蜂群落中观察到被德国哲学家哈贝马斯（Habermas）称之为“商议”的动物投票变体过程：大家一起讨论，然后共同选择最佳方案[5]。如果超过 62% 的成年鹿站起来，马鹿就开始行动[6]；非洲水牛集体决定什么时候开始行动、去哪里等事宜；雌性水牛站起来朝特定的方向看，然后再躺下来，通过这种方式决定下一步该做什么。如果选择不同，动物群落就会分成更小的群体。研究人员曾经认为，水牛只是站起来伸伸腿，但事实上他们正在做决定[7]。鸽群的等级灵活，在不同的时间段，鸽群首领各不相同，由当时负责的鸽子首领决定鸽群将飞往何处[8]。蟑螂的决策方式可能不如蜜蜂和蚂蚁先进，但其行为却一点也不杂乱无章。在一项50只蟑螂和3个藏身之处的实验中，蟑螂一分为二，占据了其中的两个藏身之所。如果藏身之处大一点的话，他们就会涌入一处，这表明他们在寻求合作与竞争之间的最佳平衡[9]。在狒狒群体中，虽然最终决策取决于占主导地位的雄性狒狒和雌性狒狒，但其他狒狒也会影响最终决策。每只狒狒的行为都有意义[10]。

我之前写过，诸如痛苦、恐惧和爱的概念并非凭空产生：动物通过其行为和存在来影响此类概念。有思想家认为，这一点也适用于政治群体以及我们所说的政治。人们常常认为，政治超越了动物的理解范围，动物无法理解政治。人们也习惯性地认为，只有人类才能对社会和社会结构负责。我之前讨论过历史学家杰森·赫里巴尔的研究成果，他谈及动物抵抗如何影响人类行为和社会结构。对动物和政治而言，很重要的一点是，要注意到政治不仅仅发生在市议会或州议会中。在人类和动物身上，有许多不同的反实践行为被视为政治行为，这些行为影响着正式的政治决策。

然而，人类的政治观念可以引导我们思考如何与其他动物建立新的政治关系。政治哲学家苏·唐纳森（Sue Donaldson）和威尔·基姆利卡（Will Kymlicka）认为，群居动物应该被视为政治社区[11]。

在确定权利和义务时，应该考虑动物与人类政治社区的关系。有人建议把除人类以外的动物分为三类：野生动物，即那些喜欢尽可能远离人类的动物，应该被视为主权自治社区；驯养动物，比如宠物和饲养的动物，应被授予公民权；与人类共同生活但未被驯养的动物应被视为"居民"（享有居住权，但没有完整的公民权）。

环境和动物机构在确定权利的确切内容时发挥着重要作用。驯养动物有权成为人类社会的一分子，唐纳森和基姆利卡写道，因为历史上人们曾经通过捕获动物、利用育种项目改变其身体等方式虐待过动物，使得动物越来越依赖人类。他们现在是共享种间社区的一分子，这里是他们的家园，把他们赶走有失公允。同时，驯养动物也是人类和动物共享社区的一分子，因为他们具备某些使共存成为可能的特性，这一点在前面讨论过的共享语言游戏中得到证实。

驯养动物享有医疗保健权、居住权和政治代表权。野生动物则正好相反，他们通常避免与人类接触，能够独立生活，但这并不意味着人类绝对不能干预：有时人类有责任帮助那些需要帮助的动物，即使属于不同社区，我们也要考虑到人类行为对其生活环境的影响。和人类一起生活在城市和农村边界地带的动物一般都避免与人类接触，但他们也该享有例如居住权和免受歧视的权利。

这一政治理论根源于伦理学的分支——动物权利哲学。根据这一哲学，动物被视为拥有生命的主体，而生命对其至关重要。就动物权利而言，人们长期以来一直强调“消极权利”，即那些不应该发生在个体身上的权利，如不被杀害、不被捕获和不被用来为他人谋利的权利[12]。唐纳森和基姆利卡指出，这些权利对人类和动物都很重要，是改变他们社会地位的必要条件，但仅有这些还远远不够。仅仅保证不被杀害或捕获称不上是一种有意义的生活。你必须能够定居某处，有机会与他人建立关系，还能以多种方式发挥自己的技艺和才能。人类和动物正在通过各种方式共同生活[13]，有时通过建立社区，有时因为共享领地——毕竟大家在共享同一个星球。关系无法避免，也不必避免，因为人和动物之间完全可以建立更加和谐的关系。人类政治团体如何相互联系、人类如何看待公平，这对思考如何公平地对待其他动物大有裨益。

语言在政治互动中的作用

无论是在正式场合（如召开议会），还是在其他实践中（如示威游行、政治竞选材料和网站等），语言在政治互动中都扮演着重要角色。民主制度的特点之一就是生活在民主制度中的人们不仅能够如实参与该制度，还应该在制度决策方面享有发言权。我们不仅拥有被动的投票权，还可以参加选举，提出新的法律法规。

狗、猫、鸡、牛、马、驴、兔子、豚鼠、山羊、绵羊等这些与我们共同生活的动物不仅对美好生活有自己的想法，也拥有与人类交流的特有方式。人们常常认为，人类可能会考虑动物利益，但动物却永远无法参与管理或考虑法律之类的事。虽然在现行制度下，动物不能参与选举，也不能在议会进行有意义的讨论，但这并不意味着参与绝无可能或动物不想参与。

人在制定法律法规时并未征求动物的意见，但这些法律法规却影响了动物们的生活。之所以不征求动物意见的理由是动物不会说话。随着人们对动物语言和主体性的深入了解，人们越来越清楚地认识到，事实并非如此，我们不该对动物熟视无睹。民权运动对歧视和平等的理解有助于理解这一点。与其他占主导地位的群体一样，人类应该重新审视自己在社会中的地位，这对动物和人类都至关重要。环境和气候问题已经在提醒人类注意他们的生活方式对后代的影响。

在边境冲突、家庭、城市和各州之间，与动物的政治交流已经开始了。为了促进这种交流，必须考虑不同物种所特有的语言。用人类语言对鹅说他在某地不受欢迎毫无意义，但这不意味着沟通绝无可能。我们可以在语言和物种间共享游戏的基础上进行操作和解释。洛伦兹对鹅的研究表明，好奇心重的动物可以通过合作形成新的语言形式。因此，需要重新定义我们所理解的政治和政治沟通。许多政治哲学家批评说，在政治中使用的语言形象理性而富有争议，我们需注意这样一个事实，即只有那些以这种方式表达观点的人才会被认真对待，而其他的声音则被淹没，这种做法有失公允。

例如，他们指出了仪式、肢体语言、问候的重要性和情感、故事以及修辞的作用[14]。人类社会以不同的方式表达政治观点，政治行为的主导形象已经将来自某些群体的人排除在外，从传统意义上来说，这些人在政治上不受重视[15]。比方说，一位女士在议会上提高嗓音，人们就认为她情绪激动，然而如果男士这么做就被认为是坚定和激情的表现。

但是，和动物的政治交流应该采取什么样的具体形式呢？当然，这不仅取决于人类，也取决于动物。个体、物种和群体表达自我的方式多种多样，不是几句话或一本书就能概括清楚的[16]。与动物共处的新研究可以用于这一领域的实验。要想研究获得成功，就要假定动物可以进行有意义的交流，并对未来保持开放心态，做到这一点至关重要。鉴于此，我们从不同的视角看待动物及其行为时，就可以想一想人类和动物已有的有关政治交流的案例，以便探索如何形成新的关系。

与野生动物的政治交流：新加坡猕猴

在新加坡的武吉知马山自然保护区，猕猴的数量受到严重威胁[17]。在这里生活的人们用房子堵住了猕猴进入绿色走廊的通道。人们明明知道，在他们入住之前，猕猴就生活在那里。人们之所以选择这个地方就是为了亲近自然。他们给动物喂食，结果猕猴离人类越来越近，胆子也越来越大，最终引起偷食、嘈杂等问题。人们常与令人讨厌或令人害怕的猕猴相遇，然而人们对其态度并非完全负面。许多人依然认为他们很可爱，不应该任意惨遭杀戮。发生冲突时，公园管理人员在人类意愿和保护猕猴之间反复权衡，而结果通常都是牺牲猕猴的利益。如果人们有了厌恶情绪，猕猴就会遭受被杀的厄运。

解决冲突的唯一办法就是让人类离开。毕竟，是他们占领了动物领地，而且他们还可以选择其他地方居住。如果人类已经在那里生活了一段时间，如果孩子就在那里出生，如果人类没有其他地方可去，或者如果是动物入侵了人类领地，那么情况就大不一样，我们必须找到人类和动物的共存方式。对此进行研究的动物地理学家杨俊翰（Jun-Han Yeo）和哈维·尼奥（Harvey Neo）列出了人和猕猴之间的多种交流方式，如眼神交流、保持距离、解读对方肢体语言以及试图接近对方等。猕猴对人类语音很敏感，能对人类语言做出反应，而人类也会对猕猴发出的声音有所反应。例如，一位名叫辛蒂（Cindy）的居民说："我曾呵斥过一只猴子，他抢我的包。我提高嗓门、用手比画，他似乎明白我的意思，一溜烟跑了。"[18] 从问候开始，学习猕猴语言和引入政治仪式，对这种互动形式的考量有助于创建一个人与猴都有发言权，从而使彼此更加亲近的模型，或者有助于更清楚地界定人与猴之间的界限。此例中猕猴已经在直接发挥政治作用：他们质疑等级制度、土地属性，并与人类交流。杨俊翰和尼奥提出的解决方案主要是提高人类认识，例如，通过张贴警示标志，提醒人们喂养动物会使其具有攻击性。互相了解对方的沟通方式可能是这一方法的有益补充。

和狗的政治交流

在洛杉矶，人和狗共同努力使月桂谷狗公园成为一个安全的地方[19]。这个地区一度破败不堪，犯罪事件频发。为了让狗自由活动，有人决定翻修公园。结果，那些犯罪分子转移到了别的地方。公园重回安宁，又出现了居民休闲娱乐的身影。但是，人们反对不牵狗绳出来遛狗。翻修团队成功地把这个地方变成了一个无须狗绳的区域。在各个层面都存在语言交流，如翻修团队和闹事者之间、狗和闹事者之间、狗和使用公园的居民之间，以及狗和狗之间。狗和主人使公园成为一个聚会场所，交流和沟通已成为常态。虽然不是狗自己想出了这个主意，但他们是促使这一行动成功的必要条件，他们影响了互动的形式。公园现在是人和动物都喜欢去的地方，各方也都在负责公园的维护。

狗也可以在没有人类参与的情况下进行政治活动。莫斯科有一群住在郊区的流浪狗经常乘坐地铁去市中心觅食。生物学家安德烈·波亚科夫（Andrei Poyarkov）研究城市流浪狗已有 30 年，他将乘坐地铁的狗称为“知识精英”[20]。他们能识别红绿灯，知道什么时候可以过马路，也知道应该找谁索要食物——尤其擅长解读肢体语言、擅长从穿衣风格选择觅食对象——大多是四十多岁的女性。通勤者和游客都很喜欢地铁上的狗。虽然官方禁止狗乘坐莫斯科地铁，但是人们有时会放他们进来，尽管大部分时候是他们自己在高峰时段偷偷溜进来的。通过这一做法，狗对“地铁仅为人类使用”这一事实表示质疑，同时也在争取乘坐地铁的权利——也许不是通过人类刻意的表达方式，而是通过他们的实际存在。他们的行为也改变了人们对流浪狗的刻板印象，事实上，他们聪明又机灵[21]。他们安静地坐在座位上面或地板上，举止得体，表现良好。

莫斯科市议会每隔一段时间就提出驱赶流浪狗的计划，这在过去意味着杀死流浪狗。各类团体，如动物权利保护者和爱狗人士，都大声疾呼保护动物。地铁犬在这一过程中发挥了作用，因为他们的存在，人们开始在网络上分享其照片，他们成为狗的形象大使[22]。地铁犬通过占据特定的空间向人类表明：他们不可能远离地铁和城市，因为行为得体，没必要将他们拒之门外。2001 年，网上首次出现地铁犬的照片后不久，射杀流浪狗被定为非法行为。

与动物一起思考

哲学领域有关动物的思考很多，但却没有多少和动物一起思考的论述。与动物一起思考似乎是一种乌托邦式或模糊的精神层面的想法，但事实并非如此。语言使我们能洞察他人的想法，并表达自己的想法。正如海德格尔所言，语言让人洞察周围世界，并塑造世界。与动物一起思考和交流还有以下两个方面的作用：教会人类更好地理解动物，为新的关系奠定基础。哲学领域中，对话一直是一种久经考验的寻求真理的方法。一段时间以来，许多哲学家不再相信某一普遍真理，尽管理由形形色色、有好有坏。通过彼此对话、说服对方、在必要时调整自身态度和重构立场，我们能做出更好的判断，也可以更好地理解这个世界及人类在世界中的地位，但这并不意味着我们能够完全到达真理或终极知识——毕竟，人总是被自身、历史和空间所限制和束缚。

要了解动物想要什么，仅靠研究远远不够。我们需要与动物交流，而与动物对话需要挑战人类与动物之间的等级制度。当人类以不同的视角看待动物时，这种变化也可以通过对话得以实现。与动物交流需要一种新的思考语言的方式。动物以自己的方式告诉我们，语言比人类想象的更广泛、更丰富。除了人类语言，还有很多方式可以有意义地表达自我。与其认为动物表达形式低人一等，不如从中了解动物及其内心活动，了解意义生成的不同方式。要想动物语言成为语言，动物不必学习任何新东西，而是人类需要以不同的方式看待动物。

其实，动物一直在说话。

致 谢

感谢约兰德·詹森（Yolande Jansen）和米里亚姆·里德斯（Miriam Reeders）对第一稿的阅读和评价。感谢格里特·梅耶尔（Gerrit Meijer）多年来孜孜不倦地从报纸上剪下有关动物研究的文章。感谢露丝·舍本胡森（Ruth Scherpenhuisen）在我小时候全力支持我对动物的热爱。尤其要感谢的是卜迪（Putih）、奥利（Olli）、皮卡（Pika）、乔伊（Joy）、多捷（Dotje）、朋克（Punkie）、凯蒂（Kitty）、罗尼亚（Ronia）、德斯蒂尼（Destiny）、坡姆利亚（Poemelie）、维杰一世（Witje I）、维杰二世（Witje II）、洪杰（Hondje）、拉克（Rakker）、皮诺（Pino）、露娜（Luna）、米奇（Mickey）、缪斯（Muis）、波尔（Pol）、萨尔杰（Saartje）、耶祖（Jezus）、阿尔莫斯（Aalmoes）、波波（Bobo）和诺伊莎（Noesja），以及所有耐心地教我了解其意图，并与我成为朋友的动物。

说 明

在本书中，我挑战了人类和动物在语言方面的等级制度。为与此相符，我尽量不用某些字眼强化对动物的刻板印象。例如，人们通常用“他”“她”和“他们”“她们”指代人类，却用“它”“它们”指代动物。人是主人，陪伴他们的动物不过是宠物。提到动物时，我避免使用“它”或“它们”，如果性别已知，就使用“他”或“她”，“他们”或“她们”；如果性别未知，则使用“他们”。

索引

In this book I challenge the hierarchy between humans and other animals with regard to language. In line with this, I try to not repeat stereotypical views of other animals in the words I use to describe them. Humans, for example, are commonly described as 'he', 'she' and 'they', while animals are 'it'. Humans are owners; their companions are pets. I avoid using 'it' when referring to animals, and use 'he' or 'she' if the sex is known, or 'they' and 'their' if it is not.

引　言

1 I will return to the examples in this paragraph and discuss them in greater depth, with the exception of the mantis shrimp and the marmoset.

2 Thoen, Hanne H. et al. 'A different form of color vision in mantis shrimp', *Science* 343.6169, 2014, pp. 411–13.

3 Albuquerque, Natalia et al. 'Dogs recognize dog and human emotions', *Biology Letters* 12.1, 2016, https://doi.org/10.1098/rsbl.2015.0883.

4 Takahashi, Daniel Y., Narayanan, Darshana Z. and Ghazanfar, Asif A. 'Coupled oscillator dynamics of vocal turn-taking in monkeys', *Current Biology* 23.21, 2013, pp. 2162–8.

5 Allen, Colin and Bekoff, Marc. *Species of Mind: The Philosophy and Biology of Cognitive Ethology*, MIT Press, 1999.

6 For the intersections of sexism and speciesism, see for example Adams, Carol J., *The Sexual Politics of Meat: A Feminist-Vegetarian Critical Theory*, A&C Black, 2010.

7 Wittgenstein, Ludwig. *Filosofische onderzoekingen*, Uitgeverij Boom, 2006.

8 Derrida, Jacques and Mallet, Marie-Louise. *The Animal That Therefore I Am*, Fordham University Press, 2008.

9 Kleczkowska, Katarzyna. 'Those who cannot speak: animals as others in ancient Greek thought', *Maska* 24, 2014, pp. 97–108.

10 As I mentioned earlier, I am discussing animals in the Western philosophical tradition. See Abram, David, *The Spell of the Sensuous: Perception and Language in a More-than-Human World*, Vintage, 1997, for a discussion of the role of language in other cultures, and the consequences of this for the relationship with non-human animals.

11 See Dunayer, Joan, *Animal Equality: Language and Liberation*, Ryce, Derwood MD, 2001, for a comprehensive discussion of linguistic discrimination against animals.

12 Waal, Frans de. 'Anthropomorphism and anthropodenial: consistency in our thinking about humans and other animals', *Philosophical Topics* 27.1, 1999, pp. 255–80.

13 Aristoteles, *Politica*, Historische Uitgeverij, 2012.

14 See Descartes' letter to the Marquess of Newcastle,

23 November 1646, in Descartes, René et al., *The Philosophical Writings of Descartes: Volume 3, The Correspondence*, Cambridge University Press, 1991.

15 Kant, Immanuel. *Grondslagen van de ethiek*, Boom, Amsterdam/Meppel, 1978.

16 Heidegger, Martin. *The Fundamental Concepts of Metaphysics: World, Finitude, Solitude*, Indiana University Press, 2001.

17 See Descartes' letter to the Marquess of Newcastle, 23 November 1646, op. cit.

第一章　用人类语言交流

1 http://www.nrc.nl/ik/2015/01/26/hoest/

2 Pepperberg, Irene M. *The Alex Studies: Cognitive and Communicative Abilities of Grey Parrots*, Harvard University Press, 2009.

3 Burger, Joanna. *The Parrot Who Owns Me: The Story of a Relationship*, Villard, 2001.

4 Lorenz, Konrad and Kerr Wilson, Marjorie. *King Solomon's Ring: New Light on Animal Ways*, Psychology Press, 2002.

5 Chartrand, Tanya L. and Baaren, Rick B. van. 'Human mimicry', *Advances in Experimental Social Psychology* 41, 2009, pp. 219–74.

6 Baaren, Rick B. van et al. 'Mimicry and prosocial behavior', *Psychological Science* 15.1, 2004, pp. 71–4.

7 Iacoboni, Marco. 'Imitation, empathy, and mirror neurons', *Annual Review of Psychology* 60, 2009, pp. 653–70.

8 Kellogg, W. N. and Kellogg, L. A. *The Ape and the*

Child, Anthropoid Experiment Station of Yale University, 1932.

9 Hayes, Keith J. and Hayes, Catherine. 'Imitation in a home-raised chimpanzee', *Journal of Comparative and Physiological Psychology* 45.5, 1952, pp. 450–9.

10 Gardner, Allen and Gardner, Beatrix. *Teaching Sign Language to the Chimpanzee Washoe*, Penn State University, Psychological Cinema Register, 1973.

11 Hess, Elizabeth. *Nim Chimpsky: The Chimp Who Would Be Human*, Bantam, 2008.

12 Savage-Rumbaugh, E. Sue, Rumbaugh, Duane M. and Boysen, Sarah. 'Do apes use language? One research group considers the evidence for representational ability in apes', *American Scientist*, 1980, pp. 49–61.

13 Patterson, Francine G. 'The gestures of a gorilla: language acquisition in another pongid', *Brain and Language* 5.1, 1978, pp. 72–97.

14 http://www.koko.org/michaels-story

15 Patterson, F. and Gordon, W. 'Twenty-seven years of Project Koko and Michael', *All Apes Great and Small* 1, 2002, pp. 165–76.

16 Savage-Rumbaugh, Sue, Shanker, Stuart G. and Taylor, Talbot J. *Apes, Language, and the Human Mind*, Oxford University Press, 1998.

17 Hearne, Vicki. *Adam's Task: Calling Animals by Name*, Skyhorse Publishing Inc., 1986.

18 Nishimura, Takeshi et al. 'Descent of the larynx in chimpanzee infants', *Proceedings of the National Academy of Sciences* 100.12, 2003, pp. 6930–3.

19 Hobaiter, Catherine and Byrne, Richard W. 'The

meanings of chimpanzee gestures', *Current Biology* 24.14, 2014, pp. 1596–1600.

20 Roberts, Anna Ilona et al. 'Chimpanzees modify intentional gestures to coordinate a search for hidden food', *Nature Communications* 5, 2014.

21 Leeuwen, Edwin J. C. van, Cronin, Katherine A. and Haun, Daniel B. M. 'A group-specific arbitrary tradition in chimpanzees (Pan troglodytes)', *Animal Cognition* 17.6, 2014, pp. 1421–5.

22 Lilly, John Cunningham. *Man and Dolphin*, Doubleday, 1961.

23 Little research has been done into suicide among animals. The ethologist Marc Bekoff (2012) writes in a blog that there is anecdotal evidence of animals ending their own lives when they are deeply unhappy. He refers to elephants standing on their trunks or stepping off cliffs, whales intentionally beaching themselves and cats jumping from heights after earthquakes. He also discusses the case of a donkey who lost her baby and walked into the water to drown herself. See: https://www.psychologytoday.com/blog/animal-emotions/201207/did-female-burro-commit-suicide

24 See the BBC documentary *The Girl Who Talked to Dolphins*.

25 Herzing, Denise L. *Dolphin Diaries: My 25 Years with Spotted Dolphins in the Bahamas*, Macmillan, 2011.

26 Ridgway, Sam et al. 'Spontaneous human speech mimicry by a cetacean', *Current Biology* 22.20, 2012, https://doi.org/10.1016/j.cub.2012.08.044.

27 Pogrebnoj-Alexandroff, A. *The True History or Who is Talking? An Elephant!*, Lode Star Publishing, 1993.

28 Stoeger, Angela S. et al. 'An Asian elephant imitates human speech', *Current Biology* 22.22, 2012, pp. 2144–8.

29 In inaccessible mountain areas, some humans use a whistled language to communicate over long distances. One example of such a language is Silbo Gomero, which is spoken by some inhabitants of La Gomera in the Canary Islands.

30 For more information about elephants, see the Elephant Listening Project website: http://www.birds.cornell.edu/brp/elephant/

31 O'Connell, Caitlin. *Elephant Don: The Politics of a Pachyderm Posse*, University of Chicago Press, 2015.

32 Bradshaw, Isabel Gay A. 'Not by bread alone: symbolic loss, trauma, and recovery in elephant communities', *Society & Animals* 12.2, 2004, pp. 143–58.

33 Lorenz, Konrad and Kerr Wilson, Marjorie. *King Solomon's Ring: New Light on Animal Ways*, Psychology Press, 2002.

34 Westerfield, Michael. *The Language of Crows*, Ashford Press, 2012.

35 Ibid.

36 St Clair, James J. H. et al. 'Experimental resource pulses influence social-network dynamics and the potential for information flow in tool-using crows', *Nature Communications* 6, 2015; http://phys.org/news/2015-11-crows.html

37 Marzluff, John M. et al. 'Lasting recognition of threatening people by wild American crows', *Animal Behaviour* 79.3, 2010, pp. 699–707.

38 Healy, Susan D. and Krebs, John R. 'Food storing and the hippocampus in corvids: amount and volume are correlated', *Proceedings of the Royal Society of London B: Biological Sciences* 248.1323, 1992, pp. 241–5.

39 Pika, Simone and Bugnyar, Thomas. 'The use of referential gestures in ravens (Corvus corax) in the wild', *Nature Communications* 2, 2011.

40 Taylor, Alex H. et al. 'Complex cognition and behavioural innovation in New Caledonian crows', *Proceedings of the Royal Society of London B: Biological Sciences*, 277.1694, 2010, https://doi.org/10.1098/rspb.2010.0285; https://www.wimp.com/a-crow-solves-an-eight-step-puzzle.

41 Swift, Kaeli. *Wild American Crows Use Funerals to Learn about Danger*, Diss., University of Washington, 2015.

42 Wittgenstein, Ludwig. *Filosofische onderzoekingen*, Uitgeverij Boom, 2006.

43 Gaita, Raimond. *The Philosopher's Dog: Friendships with Animals*, Random House, 2009.

44 Hare, Brian and Woods, Vanessa. *The Genius of Dogs: Discovering the Unique Intelligence of Man's Best Friend*, Oneworld Publications, 2013.

45 http://www.bbc.com/earth/story/20150216-can-any-animals-talk-like-humans

46 Musser, Whitney B. et al. 'Differences in acoustic features of vocalizations produced by killer whales cross-socialized with bottlenose dolphins', *Journal of the Acoustical Society of America* 136.4, 2014, pp. 1990–2002.

47 Lameira, Adriano R. et al. 'Speech-like rhythm in a

voiced and voiceless orangutan call', *PLoS One* 10.1, 2015, https://doi.org/10.1371/journal.pone.0116136.

48 Murayama, Tsukasa et al. 'Preliminary study of object labeling using sound production in a beluga', *International Journal of Comparative Psychology* 25.3, 2012, pp. 195–207.

49 Slobodchikoff, Con. *Chasing Doctor Dolittle: Learning the Language of Animals*, Macmillan, 2012.

第二章　动物世界的交流

1 For more detailed information about the language of prairie dogs, see Slobodchikoff, Constantine Nicholas, Perla, Bianca S. and Verdolin, Jennifer L., *Prairie Dogs: Communication and Community in an Animal Society*, Harvard University Press, 2009.

2 For more information about the languages of the chickadee and the chicken, see Slobodchikoff, Con, *Chasing Doctor Dolittle: Learning the Language of Animals*, Macmillan, 2012.

3 Seyfarth, Robert M., Cheney, Dorothy L. and Marler, Peter. 'Vervet monkey alarm calls: semantic communication in a free-ranging primate', *Animal Behaviour* 28.4, 1980, pp. 1070–94.

4 Zuberbühler, Klaus. 'A syntactic rule in forest monkey communication', *Animal Behaviour* 63.2, 2002, pp. 293–9.

5 Flower, Tom. 'Fork-tailed drongos use deceptive mimicked alarm calls to steal food', *Proceedings of the Royal Society of London B: Biological Sciences* 278.1711, 2011, pp. 1548–55.

6 Breure, Abraham S. H. 'The sound of a snail: two cases of acoustic defence in gastropods', *Journal of Molluscan Studies* 81.2, 2015, pp. 290–3.

7 Boch, R. and Rothenbuhler, Walter C. 'Defensive behaviour and production of alarm pheromone in honeybees', *Journal of Apicultural Research* 13.4, 1974, pp. 217–21.

8 Vander Meer, Robert K. et al. *Pheromone Communication in Social Insects: Ants, Wasps, Bees and Termites*, Westview Press, 1998.

9 De Bruijn, P. J. A. *Context-Dependent Chemical Communication, Alarm Pheromones of Thrips Larvae*, PhD thesis, University of Amsterdam, 2015.

10 Gibson Hill, C. A. 'Display and posturing in the cape gannet, Morus capensis', *Ibis* 90.4, 1948, pp. 568–72.

11 Fry, C. Hilary and Fry, Kathie. *Kingfishers, Bee-eaters and Rollers*, A&C Black, 2010.

12 Clayton, Nicola S., Dally, Joanna M. and Emery, Nathan J. 'Social cognition by food-caching corvids: the western scrub-jay as a natural psychologist', *Philosophical Transactions of the Royal Society of London B: Biological Sciences* 362.1480, 2007, pp. 507–22.

13 For more information about canine communications and cognition, see Hare, Brian and Woods, Vanessa, *The Genius of Dogs: Discovering the Unique Intelligence of Man's Best Friend*, Oneworld Publications, 2013.

14 Slobodchikoff, Con. *Chasing Doctor Dolittle*, op. cit.

15 Smuts, Barbara B. and Watanabe, John M. 'Social relationships and ritualized greetings in adult male baboons (Papio cynocephalus anubis)', *International Journal of Primatology* 11.2, 1990, pp. 147–72.

16 Smuts, Barbara. 'Gestural communication in olive baboons and domestic dogs' in Bekoff, Marc, Allen, Colin and Burghardt, Gordon M. (eds), *The Cognitive Animal: Empirical and Theoretical Perspectives on Animal Cognition*, MIT Press, 2002, pp. 301–6.

17 Allen, Colin and Bekoff, Marc. *Species of Mind: The Philosophy and Biology of Cognitive Ethology*, MIT Press, 1999.

18 Barton, Robert A. 'Animal communication: do dolphins have names?', *Current Biology* 16.15, 2006, https://doi.org/10.1016/j.cub.2006.07.002.

19 Burger, Joanna. *The Parrot Who Owns Me: The Story of a Relationship*, Villard, 2001.

20 Newman, John D. 'Squirrel monkey communication' in *Handbook of Squirrel Monkey Research*, Springer US, 1985, pp. 99–126.

21 Smith, Richard L. 'Acoustic signatures of birds, bats, bells, and bearings', Annual Vibration Institute Meeting, Dearborn, MI, 1998.

22 Burgener, Nicole et al. 'Do spotted hyena scent marks code for clan membership?', *Chemical Signals in Vertebrates* 11, 2008, pp. 169–77.

23 Bekoff, Marc. 'Observations of scent-marking and discriminating self from others by a domestic dog (Canis familiaris): tales of displaced yellow snow', *Behavioural Processes* 55.2, 2001, pp. 75–9.

24 Slobodchikoff, Con. *Chasing Doctor Dolittle*, op. cit.

25 Corson, Trevor. *The Secret Life of Lobsters: How Fishermen and Scientists Are Unraveling the Mysteries of Our Favorite Crustacean*, HarperCollins, 2004.

26 Scott, Mitchell L. et al. 'Chemosensory discrimination

of social cues mediates space use in snakes, Cryptophis nigrescens (Elapidae)', *Animal Behaviour* 85.6, 2013, pp. 1493–1500.

27 Miller, Ashadee Kay et al. 'An ambusher's arsenal: chemical crypsis in the puff adder (Bitis arietans)', *Proceedings of the Royal Society of London B*. 282.1821, 2015, https://doi.org/10.1098/rspb.2015.2182.

28 Young, Bruce A., Mathevon, Nicolas and Tang, Yezhong. 'Reptile auditory neuroethology: what do reptiles do with their hearing?', *Insights from Comparative Hearing Research*, 2014, pp. 323–46.

29 Palacios, V. et al. 'Recognition of familiarity on the basis of howls: a playback experiment in a captive group of wolves', *Behaviour* 152.5, 2015, pp. 593–614.

30 Hansen, Sara J. K. et al. 'Pairing call response surveys and distance sampling for a mammalian carnivore', *Journal of Wildlife Management* 79.4, 2015, pp. 662–71.

31 Déaux, Éloïse C. and Clarke, Jennifer A. 'Dingo (Canis lupus dingo) acoustic repertoire: form and contexts', *Behaviour* 150.1, 2013, pp. 75–101.

32 Salinas-Melgoza, Alejandro and Wright, Timothy F. 'Evidence for vocal learning and limited dispersal as dual mechanisms for dialect maintenance in a parrot', *PLoS One*, 2012, https://doi.org/10.1371/journal.pone.0048667.

33 Slobodchikoff, Con. *Chasing Doctor Dolittle*, op. cit.

34 Aplin, Lucy M. et al. 'Experimentally induced innovations lead to persistent culture via conformity in wild birds', *Nature* 518.7540, 2015, pp. 538–41.

35 Plotnik, Joshua M., Waal, Frans B. M. de and Reiss,

Diana. 'Self-recognition in an Asian elephant', *Proceedings of the National Academy of Sciences* 103.45, 2006, https://doi.org/10.1073/pnas.0608062103.

36 Shillito, Daniel J., Gallup, Gordon G. and Beck, Benjamin. 'Factors affecting mirror behaviour in western lowland gorillas, Gorilla gorilla', *Animal Behaviour* 57.5, 1999, pp. 999–1004.

37 Swartz, K. B. and Evans, S. 'Social and cognitive factors in chimpanzee and gorilla mirror behaviour and self-recognition' in Parker, S. T., Mitchell, R. W. and Boccia, M. L. (eds), *Self-awareness in Animals and Humans: Developmental Perspectives*, Cambridge University Press, 1994, pp. 189–206.

38 Broesch, T. et al. 'Cultural variations in children's mirror self-recognition', *Journal of Cross-Cultural Psychology* 42.6, 2011, pp. 1018–29.

39 Bekoff, Marc. 'Observations of scent-marking', op. cit.

40 Bruckstein, Alfred M. 'Why the ant trails look so straight and nice', *Mathematical Intelligencer* 15.2, 1993, pp. 59–62.

41 Jarau, Stefan. 'Chemical communication during food exploitation in stingless bees' in Jarau, Stefan and Hrncir, Michael (eds), *Food Exploitation by Social Insects: Ecological, Behavioral, and Theoretical Approaches*, CRC Press, 2009, pp. 223–49.

42 Wilkinson, Gerald S. 'Reciprocal food sharing in the vampire bat', *Nature* 308.5955, 1984, pp. 181–4.

43 Kunz, T. H. et al. 'Allomaternal care: helper-assisted birth in the Rodrigues fruit bat, Pteropus rodricensis (Chiroptera: Pteropodidae)', *Journal of Zoology* 232.4, 1994, pp. 691–700.

44 Normand, Emmanuelle, Dagui Ban, Simone and Boesch, Christophe. 'Forest chimpanzees (Pan troglodytes verus) remember the location of numerous fruit trees', *Animal Cognition* 12.6, 2009, pp. 797–807.

45 Lührs, Mia-Lana et al. 'Spatial memory in the grey mouse lemur (Microcebus murinus)', *Animal Cognition* 12.4, 2009, pp. 599–609.

46 Shettleworth, Sara J. 'Spatial memory in food-storing birds', *Philosophical Transactions of the Royal Society B: Biological Sciences* 329.1253, 1990, pp. 143–51.

47 Dally, Joanna M., Emery, Nathan J. and Clayton, Nicola S. 'Food-caching western scrub-jays keep track of who was watching when', *Science* 312.5780, 2006, pp. 1662–5.

48 Peterson, Dale. *The Moral Lives of Animals*, Bloomsbury Publishing USA, 2012.

49 Borgia, Gerald. 'Complex male display and female choice in the spotted bowerbird: specialized functions for different bower decorations', *Animal Behaviour* 49.5, 1995, pp. 1291–1301.

50 Pickering, S. P. C. and Berrow, S. D. 'Courtship behaviour of the wandering albatross Diomedea exulans at Bird Island, South Georgia', *Marine Ornithology* 29.1, 2001, pp. 29–37.

51 Moynihan, Martin and Rodaniche, Arcadio F. 'The Behavior and Natural History of the Caribbean Reef Squid (Sepioteuthis sepioidea)', *Animal Behaviour* 31.3, 1983, https://doi.org/10.1016/S0003-3472(83)80263-2.

52 Siebeck, Ulrike E. 'Communication in coral reef fish: the role of ultraviolet colour patterns in damselfish

territorial behaviour', *Animal Behaviour* 68.2, 2004, pp. 273–82.

53 Dixson, Danielle L., Abrego, David and Hay, Mark E. 'Chemically mediated behavior of recruiting corals and fishes: a tipping point that may limit reef recovery', *Science* 345.6199, 2014, pp. 892–7.

54 Marshall, Justin. 'Why are animals colourful? Sex and violence, seeing and signals', *Colour: Design & Creativity* 5, 2010, pp. 1–8.

55 Ghazali, Shahriman Mohd. *Fish Vocalisation: Understanding Its Biological Role from Temporal and Spatial Characteristics*, Diss, ResearchSpace, Auckland, 2011.

56 Amorim, Maria Clara C. F. Pessoa de. *Acoustic Communication in Triglids and Other Fishes*, Diss., University of Aberdeen, 1996.

57 Rowe, S. and Hutchings, Jeffrey Alexander. 'A link between sound producing musculature and mating success in Atlantic cod', *Journal of Fish Biology* 72.3, 2008, pp. 500–11.

58 Radford, Craig A. et al. 'Vocalisations of the bigeye Pempheris adspersa: characteristics, source level and active space', *Journal of Experimental Biology* 218.6, 2015, pp. 940–8.

59 Murai, Minoru, Goshima, Seiji and Henmi, Yasuhisa. 'Analysis of the mating system of the fiddler crab, Uca lactea', *Animal Behaviour* 35.5, 1987, pp. 1334–42.

60 Martinez, Francisco and Durham, Bill. 'Advantages of Reproductive Synchronization in the Caribbean Flamingo', https://socobilldurham.stanford.edu/sites/default/files/soco_-_advantages_of_reproductive_synchronization_in_the_caribbean_flamingo.pdf

61 DuVal, Emily H. 'Adaptive advantages of cooperative

courtship for subordinate male lance-tailed manakins', *American Naturalist* 169.4, 2007, pp. 423–32.

62 Martin-Wintle, Meghan S. et al. 'Free mate choice enhances conservation breeding in the endangered giant panda', *Nature Communications* 6, 2015, https://doi.org/10.1038/ncomms10125.

63 http://www.bbc.com/news/blogs-news-from-elsewhere-34733258

64 Foelix, Rainer. *Biology of Spiders*, Oxford University Press, 2010.

65 Hebets, Eileen A., Stratton, Gail E. and Miller, Gary L. 'Habitat and courtship behavior of the wolf spider Schizocosa retrorsa (Banks) (Araneae, Lycosidae)', *Journal of Arachnology*, 1996, pp. 141–7.

66 For all these examples, see Slobodchikoff, Con., *Chasing Doctor Dolittle*, op. cit., Chapter 7.

67 Darwin, Charles, Ekman, Paul and Prodger, Philip. *The Expression of the Emotions in Man and Animals*, Oxford University Press, USA, 1998.

68 Reby, David and McComb, Karen. 'Vocal communication and reproduction in deer', *Advances in the Study of Behavior* 33, 2003, pp. 231–64.

69 Reby, David et al. 'Red deer stags use formants as assessment cues during intrasexual agonistic interactions', *Proceedings of the Royal Society of London B: Biological Sciences* 272.1566, 2005, pp. 941–7.

70 Compton, L. A. et al. 'Acoustic characteristics of white-nosed coati vocalizations: a test of motivation-structural rules', *Journal of Mammalogy* 82.4, 2001, pp. 1054–8.

71 See Slobodchikoff, Con, *Chasing Doctor Dolittle*, op. cit., Chapter 2.

72 Enard, Wolfgang et al. 'Molecular evolution of FOXP2, a gene involved in speech and language', *Nature* 418.6900, 2002, pp. 869–72.

73 Emery, Nathan J. and Clayton, Nicola S. 'Comparing the complex cognition of birds and primates', *Comparative Vertebrate Cognition*, 2004, pp. 3–55.

74 Bekoff, Marc. *Minding Animals: Awareness, Emotions, and Heart*, Oxford University Press, 2002.

75 Hockett, Charles F. 'A system of descriptive phonology', *Language* 18.1, 1942, pp. 3–21.

76 Gentner, Timothy Q. et al. 'Recursive syntactic pattern learning by songbirds', *Nature* 440.7088, 2006, pp. 1204–7.

第三章　与动物一起生活

1 Pilley, John W. and Reid, Alliston K. 'Border collie comprehends object names as verbal referents', *Behavioural Processes* 86.2, 2011, pp. 184–95.

2 Pilley, John W. 'Border collie comprehends sentences containing a prepositional object, verb, and direct object', *Learning and Motivation* 44.4, 2013, pp. 229–40.

3 Kaminski, Juliane, Call, Josep and Fischer, Julia. 'Word learning in a domestic dog: evidence for fast mapping', *Science* 304.5677, 2004, pp. 1682–3.

4 For all these examples of research on dogs, see Hare, Brian and Woods, Vanessa, *The Genius of Dogs: Discovering the Unique Intelligence of Man's Best Friend*, Oneworld Publications, 2013.

5 Miller, Suzanne C. et al. 'An examination of changes

in oxytocin levels in men and women before and after interaction with a bonded dog', *Anthrozoös* 22.1, 2009, pp. 31–42.

6 Hearne, Vicki. *Adam's Task: Calling Animals by Name*, Skyhorse Publishing Inc., 1986.

7 Heidegger, Martin. *Zijn en tijd*, transl. Wildschut, Mark, Uitgeverij Boom, 1998.

8 Von Uexküll, Jakob. *Umwelt und Innenwelt der Tiere*, Springer-Verlag, 2014.

9 King, Barbara J. 'When animals mourn', *Scientific American* 309.1, 2013, pp. 62–7.

10 For theories of domestication see, for example, Donaldson, Sue and Kymlicka, Will, *Zoopolis: A Political Theory of Animal Rights*, Oxford University Press, 2011. For a discussion of domestication and neoteny, see Haraway, Donna Jeanne, *The Companion Species Manifesto: Dogs, People, and Significant Otherness,* Vol. 1, Chicago: Prickly Paradigm Press, 2003.

11 Donaldson, Sue and Kymlicka, Will, *Zoopolis*, op. cit.

12 Haraway, Donna Jeanne, *The Companion Species Manifesto*, op. cit.

13 Howard, Len. *Birds as Individuals*, Doubleday, 1953; Howard, Len. *Living with Birds*, Collins, 1956.

14 Lorenz, Konrad and Kerr, Marjorie. *King Solomon's Ring: New Light on Animal Ways*, Psychology Press, 2002.

15 Lorenz, Konrad, Martys, Michael and Tipler, Angelika. *Here Am I – Where Are You?: The Behavior of the Greylag Goose*, Collins, 1992.

16 Turner, Dennis C. *The Domestic Cat: The Biology of Its Behaviour*, Cambridge University Press, 2000.

17 Alger, Janet M. and Alger, Steven F. *Cat Culture: The Social World of a Cat Shelter*, Temple University Press, 2003.

18 Alger, Janet M. and Alger, Steven F. 'Beyond mead: symbolic interaction between humans and felines', *Society & Animals* 5.1, 1997, pp. 65–81.

19 Ibid.

20 See the BBC documentary *The Secret Life of the Cat* (2013) for an illustration: http://www.bbc.com/news/science-environment-22821639

21 Smith, Julie Ann. 'Beyond dominance and affection: living with rabbits in post-humanist households', *Society & Animals* 11.2, 2003, pp. 181–97.

22 Thomas, Elizabeth Marshall. *The Hidden Life of Dogs*, Houghton Mifflin Harcourt, 2010.

23 Kerasote, Ted. *Merle's Door*, Houghton Mifflin Harcourt, 2008.

24 Van Neer, Wim et al. 'Traumatism in the wild animals kept and offered at predynastic Hierakonpolis, Upper Egypt', *International Journal of Osteoarchaeology*, 2015.

25 Perry-Gal, Lee et al. 'Earliest economic exploitation of chicken outside East Asia: evidence from the Hellenistic Southern Levant', *Proceedings of the National Academy of Sciences* 112.32, 2015, pp. 9849–54.

26 Marino, Lori and Colvin, Christina M. 'Thinking Pigs: A Comparative Review of Cognition, Emotion, and Personality in Sus domesticus', *International Journal of Comparative Psychology* 28, 2015, https://escholarship.org/uc/item/8sx4s79c.

27 Smith, Carolynn L. and Johnson, Jane. 'The Chicken

Challenge: what contemporary studies of fowl mean for science and ethics', *Between the Species* 15.1, 2012, pp. 75–102.

28 Rogers, Lesley J. *The Development of Brain and Behaviour in the Chicken*, CAB International, 1995.

29 Davis, Karen. 'The social life of chickens' in *Experiencing Animal Minds: An Anthology of Animal-Human Encounters*, ed. Smith, Julie A. and Mitchell, Robert W., Columbia University Press, 2012.

30 Rogers, Lesley J. *The Development of Brain and Behaviour in the Chicken*, Wallingford, Oxfordshire, 1995, p. 48; Smith, Colin. 'Bird brain? Birds and humans have similar brain wiring', *Science Daily*, 2013, https://www.sciencedaily.com/releases/2013/07/130717095336.htm.

31 Despret, Vinciane. 'Sheep do have opinions' in Latour, B. and Weibel, P. (eds), *Making Things Public. Atmospheres of Democracy*, MIT Press, 2006, pp. 360–70.

32 Proctor, H. S. 'Measuring positive emotions in dairy cows using ear postures', http://www.researchgate.net/profile/Helen_Proctor/publication/268743762_Do_ear_postures_indicate_positive_emotional_state_in_dairy_cows/links/5475f3720cf29afed612ec7b.pdf.

33 Wathan, Jennifer and McComb, Karen. 'The eyes and ears are visual indicators of attention in domestic horses', *Current Biology* 24.15, 2014, https://doi.org/10.1016/j.cub.2014.06.023.

34 Hribal, Jason. '"Animals are part of the working class": a challenge to labor history', *Labor History* 44.4, 2003, pp. 435–53.

35 Hribal, Jason. *Fear of the Animal Planet: The Hidden History of Animal Resistance*, AK Press, 2010.

36 Hribal, Jason. 'Animals, agency, and class: writing the history of animals from below', *Human Ecology Review* 14.1, 2007, pp. 101–12.

37 Wadiwel, Dinesh. 'Do fish resist?', Human Rights and Animal Ethics Research Network, University of Melbourne, 8 December 2014.

38 See the documentary *Blackfish* for further information about Tilikum and SeaWorld.

39 Irvine, Leslie. 'The power of play', *Anthrozoös* 14.3, 2001, pp. 151–60.

40 Montaigne, Michel de. *De essays*, Singel Uitgeverijen, 2014.

第四章 用身体思考

1 Despret, Vinciane. 'The body we care for: figures of anthropo-zoo-genesis', *Body & Society* 10.2–3, 2004, p. 111–34.

2 Skinner, B. F. *About Behaviorism*, Vintage, 2011.

3 Chomsky, Noam. *Syntactic Structures*, Walter de Gruyter, 2002.

4 Smuts, Barbara. 'Encounters with animal minds', *Journal of Consciousness Studies* 8.5–7, 2001, pp. 293–309.

5 Candea, Matei. '"I fell in love with Carlos the meerkat": Engagement and detachment in human–animal relations', *American Ethnologist* 37.2, 2010, pp. 241–58.

6 Despret, Vinciane. 'The becomings of subjectivity in

animal worlds', *Subjectivity* 23.1, 2008, pp. 123–39.

7 Goodall, Jane. *The Chimpanzees of Gombe: Patterns of Behavior*, Belknap Press of Harvard University Press, 1986.

8 See, for example, Heinrich, Bernd, *Mind of the Raven: Investigations and Adventures with Wolf-birds*, Cliff Street Books, 1999, for love among ravens; and Würsig, Bernd, 'Leviathan love', *The Smile of a Dolphin: Remarkable Accounts of Animal Emotions*, Random House/Discovery Books, 2000, pp. 62–5, for whale love.

9 Merleau-Ponty, Maurice. *Fenomenologie van de waarneming*, transl. Tiemersma, Douwe and Vlasblom, Rens, Uitgeverij Boom, 2009.

10 Heidegger, Martin. *Zijn en tijd*, transl. Wildschut, Mark, Uitgeverij Boom, 1998.

11 Wittgenstein, Ludwig. *Filosofische onderzoekingen*, Uitgeverij Boom, 2006.

12 Hearne, Vicki. *Animal Happiness*, Perennial, 1995.

13 Martelaere, P. de. *Het dubieuze denken*, Kok/Agora, Kampen, 1996.

14 Descartes, René. *Meditaties*, Uitgeverij Boom, 1989.

15 Smith, J. David et al. 'Executive-attentional uncertainty responses by rhesus macaques (Macaca mulatta)', *Journal of Experimental Psychology: General* 142.2, 2013, p. 458.

16 Nagel, Thomas. 'What is it like to be a bat?', *Philosophical Review* 83.4, 1974, pp. 435–50.

17 Derrida, Jacques, and Mallet, Marie-Louise. *The Animal That Therefore I Am*, Fordham University Press, 2008.

18 Smuts, Barbara. 'Encounters with animal minds', op. cit.

第五章 结构、语法和解码

1 Mather, Jennifer A. 'Cephalopod consciousness: behavioural evidence', *Consciousness and Cognition* 17.1, 2008, pp. 37–48.

2 Finn, Julian K., Tregenza, Tom and Norman, Mark D. 'Defensive tool use in a coconut-carrying octopus', *Current Biology* 19.23, 2009, https://doi.org/10.1016/j.cub.2009.10.052.

3 Moynihan, Martin and Rodaniche, Arcadio F. 'The behavior and natural history of the Caribbean Reef Squid Sepioteuthis sepioidea with a consideration of social, signal, and defensive patterns for difficult and dangerous environments', *Fortschritte der Verhaltensforschung*, 1982.

4 Slobodchikoff, Con. *Chasing Doctor Dolittle: Learning the Language of Animals*, Macmillan, 2012.

5 De Saussure, Ferdinand. *Cours de Linguistique Générale: Edition Critique*, Vol. 1, Otto Harrassowitz Verlag, 1989.

6 See Slobodchikoff, Con, *Chasing Doctor Dolittle*, op. cit., Chapter 3. Of course, Chomsky does not agree with this, as he believes that language only occurs in humans and is not intended primarily for communication but to understand the world better.

7 Gentner, Timothy Q. et al. 'Recursive syntactic pattern learning by songbirds', *Nature* 440.7088, 2006, pp. 1204–7.

8 Corballis, Michael C. 'Recursion, language, and starlings', *Cognitive Science* 31.4, 2007, pp. 697–704.

9 See Slobodchikoff, Con, *Chasing Doctor Dolittle*, op. cit., pp. 197–8, 225–6.

10 Hailman, Jack P. and Ficken, Millicent S. 'Combinatorial animal communication with computable syntax: chick-a-dee calling qualifies as "language" by structural linguistics', *Animal Behaviour* 34.6, 1986, pp. 1899–1901. Also see Slobodchikoff, Con, *Chasing Doctor Dolittle*, op. cit.

11 Freeberg, Todd M., and Lucas, Jeffrey R. 'Receivers respond differently to chick-a-dee calls varying in note composition in Carolina chickadees, Poecile carolinensis', *Animal Behaviour* 63.5, 2002, pp. 837–45.

12 See Slobodchikoff, Con, *Chasing Doctor Dolittle*, op. cit., pp. 162–3.

13 Seeley, Thomas D. *Honeybee Democracy*, Princeton University Press, 2010.

14 Woo, Kevin L. and Rieucau, Guillaume. 'Aggressive signal design in the Jacky dragon (Amphibolurus muricatus): display duration affects efficiency', *Ethology* 118.2, 2012, pp. 157–68.

15 De Sá, Fábio P. et al. 'A new species of hylodes (Anura, Hylodidae) and its secretive underwater breeding behavior', *Herpetologica* 71.1, 2015, pp. 58–71.

16 Mercado III, Eduardo and Handel, Stephan. 'Understanding the structure of humpback whale songs (L)', *Journal of the Acoustical Society of America* 132.5, 2012, pp. 2947–50.

17 Suzuki, Ryuji, Buck, John R. and Tyack, Peter L. 'Information entropy of humpback whale songs',

Journal of the Acoustical Society of America 119.3, 2006, pp. 1849–66.

18 Payne, Katharine, Tyack, Peter and Payne, Roger. 'Progressive changes in the songs of humpback whales (Megaptera novaeangliae): a detailed analysis of two seasons in Hawaii', *Communication and Behavior of Whales* 10, 1987, pp. 9–57.

19 Stafford, Kathleen M. et al. 'Spitsbergen's endangered bowhead whales sing through the polar night', *Endangered Species Research* 18.2, 2012, pp. 95–103.

20 Trainer, Jill M. 'Cultural evolution in song dialects of yellow-rumped caciques in Panama', *Ethology* 80.1–4, 1989, pp. 190–204.

21 Payne, Robert B. 'Behavioral continuity and change in local song populations of village indigobirds Vidua chalybeate', *Zeitschrift für Tierpsychologie* 70.1, 1985, pp. 1–44.

22 Bohn, Kirsten M. et al. 'Versatility and stereotypy of free-tailed bat songs', *PLoS One* 4.8, 2009, https://doi.org/10.1371/journal.pone.0006746.

23 Arriaga, Gustavo, Zhou, Eric P. and Jarive, Erich D. 'Of mice, birds, and men: the mouse ultrasonic song system has some features similar to humans and song-learning birds', *PLoS One* 7.10, 2012, https://doi.org/10.1371/journal.pone.0046610.

24 Briggs, Jessica R. and Kalcounis-Rueppell, Matina C. 'Similar acoustic structure and behavioural context of vocalizations produced by male and female California mice in the wild', *Animal Behaviour* 82.6, 2011, pp. 1263–73.

25 Slobodchikoff, Con. *Chasing Doctor Dolittle*, op. cit., p. 166.

26 Neunuebel, Joshua P. et al. 'Female mice ultrasonically interact with males during courtship displays', *eLife* 4, 2015, https://doi.org/10.7554/eLife.06203.

27 Haraway, Donna Jeanne. *Primate Visions: Gender, Race, and Nature in the World of Modern Science*, Psychology Press, 1989.

28 Cooley, John R. and Marshall, David C. 'Sexual signaling in periodical cicadas, Magicicada spp. (Hemiptera: Cicadidae)', *Behaviour* 138.7, 2001, pp. 827–55.

29 Spangler, Hayward G. 'Moth hearing, defense, and communication', *Annual Review of Entomology* 33.1, 1988, pp. 59–81.

30 Von Helversen, Dagmar and Von Helversen, Otto. 'Recognition of sex in the acoustic communication of the grasshopper Chorthippus biguttulus (Orthoptera, Acrididae)', *Journal of Comparative Physiology* A180.4, 1997, pp. 373–86.

31 Huber, Franz and Thorson, John. 'Cricket auditory communication', *Scientific American* 253.6, 1985, pp. 47–54.

32 Gibson, Gabriella and Russell, Ian. 'Flying in tune: sexual recognition in mosquitoes', *Current Biology* 16.13, 2006, pp. 1311–16.

33 Kajiura, Stephen M. and Holland, Kim N. 'Electroreception in juvenile scalloped hammerhead and sandbar sharks', *Journal of Experimental Biology* 205.23, 2002, pp. 3609–21.

34 Wittgenstein, Ludwig. *Lectures and Conversations on Aesthetics, Psychology, and Religious Belief*, transl. Barrett, Cyril, University of California Press, 2007.

第六章 元交际

1 Bekoff, Marc. 'Social play in coyotes, wolves, and dogs', *Bioscience* 24.4, 1974, pp. 225–30.

2 Bauer, Erika B. and Smuts, Barbara B. 'Cooperation and competition during dyadic play in domestic dogs, Canis familiaris', *Animal Behaviour* 73.3, 2007, pp. 489–99.

3 Burghardt, Gordon M. *The Genesis of Animal Play: Testing the Limits*, MIT Press, 2005.

4 Massumi, Brian. *What Animals Teach Us about Politics*, Duke University Press, 2014.

5 Darwin, Charles. *The Formation of Vegetable Mould, through the Action of Worms, with Observations on their Habits*, John Murray, 1892.

6 Bekoff, Marc and Pierce, Jessica. *Wild Justice: The Moral Lives of Animals*, University of Chicago Press, 2009.

7 See Donaldson, Sue and Kymlicka, Will, 'Unruly beasts: animal citizens and the threat of tyranny', *Canadian Journal of Political Science* 47.01, 2014, pp. 23–45, for a discussion.

8 Ibid.

9 Also see Krause, Sharon R., 'Bodies in action: Corporeal agency and democratic politics', *Political Theory* 39.3, 2011, pp. 299–324.

10 See Bekoff, Marc and Pierce, Jessica, *Wild Justice*, op. cit., for a discussion of this and other examples.

11 Ibid.

12 Preston, Stephanie D. and Waal, Frans B. M. de. 'The communication of emotions and the possibility of

empathy in animals' in Post, Stephen G., Underwood, Lynn G., Schloss, Jeffrey P. and Hurlbut, William B. (eds), *Altruism and Altruistic Love*, Oxford University Press, 2002, pp. 284–308.

13 Bekoff, Marc. 'Animal emotions, wild justice and why they matter: grieving magpies, a pissy baboon, and empathic elephants', *Emotion, Space and Society* 2.2, 2009, pp. 82–5.

14 Ibid.

15 Ibid.

16 Plotnik, Joshua M. and Waal, Frans B. M. de. 'Asian elephants (Elephas maximus) reassure others in distress', *PeerJ* 2, 2014, https://doi.org/10.7717/peerj.278.

17 Peterson, Dale. *The Moral Lives of Animals*, Bloomsbury Publishing USA, 2012.

18 Park, Kyum J. et al. 'An unusual case of care-giving behavior in wild long-beaked common dolphins (Delphinus capensis) in the East Sea', *Marine Mammal Science* 29.4, 2013, https://doi.org/10.1111/mms.12012.

19 There has been no scientific research in this area, but stories can be found online, for example: http://www.dolphinsworld.com/dolphins-rescuing-humans/

20 See Bekoff, Marc and Pierce, Jessica, *Wild Justice*, op. cit., and Donaldson, Sue and Kymlicka, Will, *Zoopolis: A Political Theory of Animal Rights*, Oxford University Press, 2011.

21 See Bekoff, Marc and Pierce, Jessica, *Wild Justice*, op. cit.

22 Bshary, Redouan et al. 'Interspecific communicative

and coordinated hunting between groupers and giant moray eels in the Red Sea', *PLoS Biol* 4.12, 2006, https://doi.org/10.1371/journal.pbio.0040431.

23 Hart, Lynette A. and Hart, Benjamin L. 'Autogrooming and Social Grooming in Impala', *Annals of the New York Academy of Sciences* 525.1, 1988, pp. 399–402.

24 Milius, Susan. 'Will groom Mom for baby cuddles', *Science News* 178.12, 2010, http://dx.doi.org/10.2307/29548936.

25 Warneken, Felix et al. 'Spontaneous altruism by chimpanzees and young children', *PLoS Biol* 5.7, 2007, https://doi.org/10.1371/journal.pbio.0050184.

26 Warneken, Felix and Tomasello, Michael. 'Varieties of altruism in children and chimpanzees', *Trends in Cognitive Sciences* 13.9, 2009, pp. 397–402.

27 Bartal, Inbal Ben-Ami et al. 'Pro-social behavior in rats is modulated by social experience', *eLife* 3, 2014, https://doi.org/10.7554/eLife.01385.

28 Grinnell, Jon, Packer, Craig and Pusey, Anne E. 'Cooperation in male lions: kinship, reciprocity or mutualism?', *Animal Behaviour* 49.1, 1995, pp. 95–105.

29 DeAngelo, M. J., Kish, V. M. and Kolmes, S. A. 'Altruism, selfishness, and heterocytosis in cellular slime molds', *Ethology Ecology & Evolution* 2.4, 1990, pp. 439–43.

30 Broly, Pierre and Deneubourg, Jean-Louis. 'Behavioural contagion explains group cohesion in a social crustacean', *PLoS Comput Biol* 11.6, 2015, https://doi.org/10.1371/journal.pcbi.1004290.

31 Bekoff, Marc and Goodall, Jane. *The Emotional Lives*

of Animals: A Leading Scientist Explores Animal Joy, Sorrow, and Empathy – and Why They Matter, New World Library, 2008.

32 Kumlien, Ludwig. 'Reason or Instinct?', *Auk* 5.4, 1888, pp. 434–5. Kumlien discusses many examples of birds helping one another.

33 See Bekoff, Marc and Pierce, Jessica, *Wild Justice*, op. cit., for a discussion.

34 Ibid.

35 Bekoff, Marc. *Minding Animals: Awareness, Emotions, and Heart*, Oxford University Press, 2002.

36 Bateson, Melissa et al. 'Agitated honeybees exhibit pessimistic cognitive biases', *Current Biology* 21.12, 2011, pp. 1070–3.

37 Dao, James. 'After duty, dogs suffer like soldiers', *New York Times*, 1 December 2011.

38 Bradshaw, G. A. *Elephant Trauma and Recovery: From Human Violence to Liberation Ecopsychology*, ProQuest, 2005.

39 Giraffes were always thought not to make any sound, as pushing the air to make the sound up that long neck would use too much energy, but researchers recently discovered that they hum at night. See Baotic, Anton, Sicks, Florian and Stoeger, Angela S. 'Nocturnal "humming" vocalizations: adding a piece to the puzzle of giraffe vocal communication', *BMC Research Notes* 8.425, 2015, https://doi.org/10.1186/s13104-015-1394-3.

40 See King, Barbara J., *How Animals Grieve*, University of Chicago Press, 2013, for more stories and information about mourning among animals.

41 See, for example, Willett, Cynthia, 'Water and wing give wonder: trans-species cosmopolitanism', *PhaenEx*

8.2, 2013, pp. 185–208, and Schaefer, Donovan O., 'Do animals have religion? Interdisciplinary perspectives on religion and embodiment', *Anthrozoös* 25, sup1, 2012, https://doi.org/10.2752/175303712X13353430377291.

42 Smuts, Barbara. 'Encounters with animal minds', *Journal of Consciousness Studies* 8.5–7, 2001, pp. 293–309.

43 Goodall, Jane. 'Primate spirituality' in Taylor, Bron (ed.), *Encyclopedia of Religion and Nature*, Continuum, 2005, pp. 1303–6.

44 http://www.onbeing.org/program/katy-payne-in-the-presence-of-elephants-and-whales/transcript/7821

45 Darwin, Charles. *The Descent of Man, and Selection in Relation to Sex*, John Murray, 1871.

46 Marino, Lori. 'Brain structure and intelligence in cetaceans' in Brakes, Philippa, and Simmonds, Mark Peter (eds), *Whales and Dolphins: Cognition, Culture, Conservation and Human Perceptions*, Routledge, 2011, pp. 115–28.

47 Proctor, Darby et al. 'Chimpanzees play the ultimatum game', *Proceedings of the National Academy of Sciences* 110.6, 2013, pp. 2070–5.

48 Range, Friederike, Leitner, Karin and Virányi, Zsófia. 'The influence of the relationship and motivation on inequity aversion in dogs', *Social Justice Research* 25.2, 2012, pp. 170–94.

49 Chijiiwa, Hitomi et al. 'Dogs avoid people who behave negatively to their owner: third-party affective evaluation', *Animal Behaviour* 106, 2015, pp. 123–7.

第七章　为什么要与动物交流

1 Donaldson, Sue and Kymlicka, Will. *Zoopolis: A Political Theory of Animal Rights*, Oxford University Press, 2011.

2 Derrida, Jacques and Mallet, Marie-Louise. *The Animal That Therefore I Am*, Fordham University Press, 2008.

3 Wolfe, Cary. *Animal Rites: American Culture, the Discourse of Species, and Posthumanist Theory*, University of Chicago Press, 2003.

4 Hobson, Kersty. 'Political animals? On animals as subjects in an enlarged political geography', *Political Geography* 26.3, 2007, pp. 250–67.

5 Seeley, Thomas D. *Honeybee Democracy*, Princeton University Press, 2010.

6 Conradt, Larissa and Roper, Timothy J. 'Group decision-making in animals', *Nature* 421.6919, 2003, pp. 155–8.

7 Ibid.

8 Bellaachia, Abdelghani and Bari, Anasse. 'Flock by leader: a novel machine learning biologically inspired clustering algorithm' in *Advances in Swarm Intelligence*, Springer, 2012, pp. 117–26.

9 Amé, Jean-Marc et al. 'Collegial decision making based on social amplification leads to optimal group formation', *Proceedings of the National Academy of Sciences* 103.15, 2006, pp. 5835–40.

10 Stueckle, Sabine and Zinner, Dietmar. 'To follow or not to follow: decision making and leadership during

the morning departure in chacma baboons', *Animal Behaviour* 75.6, 2008, pp. 1995–2004.

11 Donaldson, Sue and Kymlicka, Will. *Zoopolis*, op. cit.

12 Regan, Tom. *The Case for Animal Rights*, Springer Netherlands, 1987.

13 Nussbaum, Martha C. *Frontiers of Justice: Disability, Nationality, Species Membership*, Harvard University Press, 2009.

14 Young, Iris Marion. *Inclusion and Democracy*, Oxford University Press, 2002.

15 Young, Iris Marion. *Justice and the Politics of Difference*, University Press of Princeton, 1990.

16 I write more about this in *When Animals Speak: Toward an Interspecies Democracy*, New York University Press, 2019.

17 Yeo, Jun-Han and Neo, Harvey. 'Monkey business: human–animal conflicts in urban Singapore', *Social & Cultural Geography* 11.7, 2010, pp. 681–99.

18 Ibid., p. 14.

19 Wolch, Jennifer R. and Rowe, Stacy. 'Companions in the park', *Landscape* 31.3, 1992, pp. 16–23.

20 Holden, Steve. 'Live and learn', *Teacher*, 2010, http://works.bepress.com/steve_holden/37/.

21 Lemon, Alaina. 'MetroDogs: the heart in the machine', *Journal of the Royal Anthropological Institute* 21.3, 2015, pp. 660–79.

22 Ibid.